요절시인 시전집 시리즈 제9권

# 첫사랑에 실패해본
# 사람은 더욱 잘 안다

## 원 희 석 시집

- 이승하 · 우대식 편 -

새미

# 이 시집을 내면서

이 땅에는 이른 나이에 세상을 떴다는 이유로 문학사의 뒤안길로 사라진 시인들이 있다. 한때 '천재'라고까지 일컬어지며 시를 썼지만 이들은 불치의 병으로, 불의의 사고로, 혹은 생활고를 비관하여 음독자살로 생을 서둘러 마감했다. 뛰어난 시를 썼음에도 불구하고 이들 시인 모두 요절했다는 이유로 '묻혀버린 시인', '잊혀진 시인'이 되고 만 것은 참으로 안타까운 일이다. 우리가 이 전집을 기획하면서 세운 기준은 다음 세 가지이다.

요절한 시인 가운데 시인으로서의 역량이 출중하여, 잊혀졌다는 사실이 안타까운 시인만을 대상으로 한다.

시집을 손쉽게 구할 수 있는 시인은 대상에서 제외한다.

가능한 한 유가족에게 연락을 하여 그간 시집에조차 실리지 못한 작품도 수록, 완벽한 전집이 되게 한다.

일찍 세상을 떴다는 것만 해도 억울한 일일 터인데 이들 시인은 지금껏 문단의 조명을 받은 바 없다. 학계의 연구 대상이 된 적도 거의 없으며, 독자의 사랑을 받은 적도 없다. 지인들의 회고담은 남아 있지만 석·박사 논문의 대상이 된 시인도 이중에는 거의 없다. 살아가기가 팍팍했던 시절에 일찍 세상을 등진 이들을 위해 초혼제를 올리는 심정으로 시전집을 낸다.

시인의 유시집과 유고를 수소문하여 찾아내고, 유가족을 만나고, 주변 친구와 친지들을 만나는 과정에서 만난 많은 분들에게 머리 숙여 감사드린다. 문학사와 문단사를 온전히 기술하기 위해 빠져서는 안 될 시인만을 엄선했다고 우리는 자부한다. 우리 문학사의 뒤안길로 사라진 이들 시인을 제자리로 돌려세우는 우리의 노력은 앞으로도 계속될 것이다.

원희석 시인은 생전에 2권의 시집을 냈고, 타계한 다음해인 1999년에 유고시집이 나왔다. 생전에 왕성하게 시작 활동을 전개한 시인이었음에도 사후에 비평적 조망을 별로 받지 못했다. 정신적 고향인 파주의 문화와 문학의 질적 향상을 위해 문단정치의 세계로 일찍 발을 들여놓은 탓이 클 것이다. 이번에 3권의 시집을 묶어 시전집을 내게 되었으니 이를 계기로 새로운 원희석론이 많이 나오기를 바라는 마음이 간절하다. 계씨인 원희경 씨의 도움이 없었더라면 원희석 시전집의 발간은 불가능했을 것이다. 마음 깊이 감사를 드린다.

이승하 · 우대식

# 차 례

**제1부** | 물이 옷 벗는 소리

○ ● ○ ● ○ ● ○ ● ○ ● ○ ● ○ ● ○ ● ○ ● ○

제2부 │ 바늘구멍 앞의 낙타

제3부 │ 오전 10시에 배달되는 햇살

## 해 설

# 1부

물이 옷 벗는 소리

# 송장헤엄

　오늘 아침 나는 수염도 깎지 않고 이빨도 닦지 않고 머리
도 빗지 않고 3백5십 원 좌석버스도 타지 않고 일반버스를
타고 텅 빈 물통을 흔들며 물속을 어적어적 헤엄쳐 갔다 산
들은 언제나 물속에 잠기워서도 푸르르고 있었다 한 편의
시도 한 줌의 사랑도 우리 집 딸아이에게 갖다 줄 하얀 우
유, 차디찬 우유 한 병 생각하지 않았다 한 번도 대변을 보
지 않았으며 오줌만 쌌다 노란 오줌만 더러운 물속을 향하
여 신나게 쌌다 들키지 않았다 축축하지 않고 오히려 따뜻
했다 물속에 사는 아가미 없는 물고기들만 웃고 지나갔다
정말 오늘은 한 그릇의 따뜻한 우리나라 숭늉, 그것밖엔 아
무것도 사랑하지 않았다 능숙하게 누워서 「사랑과 야망」
만 봤다 누워서 편안히 코딱지만 후볐다 내가 가지고 있던
문이란 문은 다 열어보았지만 한 번도 그 녹슨 열쇠를 사용
하진 않았다 조금만 더 숨을 참고 있으면 세상 위로 내가
둥둥 떠오르리라는 느낌이 수초처럼 흔들렸다

# 뜀틀

　모두들 산뜻하게 넘는 것이 으뜸인 줄 안다 체조선수처럼 날렵하게 넘어가는 것이 상책인 줄 안다 그러나 나는 언제나 걸려 넘어졌다 입학시험 때면 늘 그랬다 간신히 끝에 매달려 넘다가 무릎에도 가슴에도 옹이가 생겼다 온실 속에서 쉽게 여문 고추는 왜 맵지 않을까 나무도 추위에 걸려 간신히 넘은 나무가 튼튼히 자랐다 실패의 나이테를 가장 많이 가진, 휘어진 나무는 쓰러지지 않았다 포기하지 않았다 개울을 건너뛰다가 물에 빠져본 사람은 안다 첫사랑에 실패해본 사람은 더더욱 잘 안다 좀 더 높은 바위로 뛰어오르다가 발목이 삐어본 사람은 안다 걸려 넘어지기, 젊고 푸르를 때 상처 많이 입기 팔목이 부러져서 왼손으로 밥을 먹어본 사람은 눈물 흘려본 사람은 안다 수없이 떨어져본 사람들은 너무도 잘 안다

# 못

　무리하게 박았다 녹슨 망치 하나 있다고 그저 다 떨어진 누더기, 내 옷부터 걸어놓으려고 되지 못한 자존심 하나 억지로 심어놓으려고 아무 곳에나 건방지게 꽝꽝 박았다 신나게 박았다 깊은 생각, 겁도 없이 두들겨 박았다 한 번 박으면 다시는 뽑을 수 없는 우리들의 길, 못을 잘 박는다고 해서 모두 출세하는 것은 아니다 내 허약한 말씀의 못, 얄팍한 지식의 뾰족한 못, 박을 곳이 아닌데도 황당하게 우겨 박던 녹슨 못, 지금껏 뽑지 못하고 있다 지우지 못하고 있다 한 번 박은 것은 뽑히지 않는다 밤마다 찾아와 양심의 가시를 세차게 흔든다 너무나 아팠다 아무 곳에나 박지 말 일이다 남의 깨끗한 벽에 상처를 주지 말 일이다 한 번 박으면 영원히 지울 수 없는 상처 허수아비가 말없이 섰는 걸 이제야 알았다 개울물도 아래로 흐르는 걸 이제야 알았다

# 투명의 살갗 하나로
— 비닐 호스에게

평생 더 보고 듣고 맛있는 그릇 쪽으로만 젓가락이 자꾸 가려는 것이 여간 부끄러운 일이 아닐 수 없다 그는 몸뚱이 전체가 곧은 창자, 입이 곧 항문, 문전이 뒷간, 오직 뼈와 살다 발라낸 채 투명의 살갗 하나로 평생을 산다 만족한다 솔직하다 먹으면 먹은 만큼만 배설하고 알면 아는 만큼만 대답한다 무엇이든 가리지 않고 깨끗이 통과, 통과시킨다 가슴에 지른 걸쇠 하나 뽑지 못하고 사는 우리는 머리가 따로 있어 누워 잔다고, 입과 항문을 따로 따로 가리고 살아가야 하는 우리는 오늘도 치카치카 이빨 깊숙이 아침 저녁 열심히 닦아도 진짜 닦여 없어져야 할 것들은 닦이지 않고 겨우 삶은 돼지감자 하나 소금에 쿡쿡 찍어 먹으면서 배를 땃땃한 곳으로만 대려고, 발을 편안한 곳으로만 뻗으려고 하는 우리는 그 앞에서 체면이 말이 아니다 창피하다 까만 파리똥 같은 이름 석 자 남기고자 하는 우리는 불쌍하다 다 떨어진 동저고리 한 벌 모아 두고자 하는 우리가 남김없이 그처럼 통과, 통과시키며 살아간다면 속까지 투명하게 보여 주고 당당하게 살아간다면 가난에 한 움큼씩 머리칼이 빠

져도 얼마나 좋으랴 우리가 박혀 살 손바닥만 한 이 땅에서
무엇이 무서우랴 부끄러운 곳 가리지 않고 벗고 살아도 거
리를 덜렁이며 힘차게 달려도 얼마나 떳떳하랴 탁배기 한
잔에 패설만 씹어도 얼마나 푸짐하랴

# 이사

아슬아슬하게 붙어 살던 마른 가지 끝에서 손바닥만 한
그늘이 걸린 좀 더 아슬아슬한 가지 끝으로 옮겨 앉았다 짐
을 풀고 보니 때 묻은 밥그릇 하나 부러진 숟가락 하나 다
해진 몽당 빗자루 냄새나는 걸레뭉치만 챙겨서 왔다 미련
하여라 가난한 이웃들의 끈끈한 사랑의 힘, 꿈을 나눠 피우
던 한 그루의 키 작은 종려나무 밤마다 어둠의 들창을 두들
기던 정든 별빛들은 모두 두고 그냥 왔다 내게 머물고자 했
던 것은 그대로 두고 왔다 진짜 사랑하는 것들은 언제나 혼
자 간직하는 것이 아니었다 낡은 주민등록의 빈칸에 둥지
의 홋수를 적어 넣고 먼지 나는 골목을 빠져나가는 만원버
스의 노선을 새로 기억하면서 더 먼 곳으로의 떠남을 그려
보면 그때에도 내겐 가지고 갈 것보다 두고 가야 할 것이
더 많다 사랑하는 사람도, 꼬깃꼬깃 감춰두었던 엉터리 원
고 뭉치도 가끔씩 혼자 꺼내보던 색 바랜 비밀도 모두 남김
없이 두고 갈 것이다 하얀 뼈와 살 모두 지상의 한 귀퉁이
에 보태주고 퇴거신고도 필요 없는 곳으로 뒤를 자꾸 돌아
보며 혼자서 터벅터벅 걸어서 갈 것이다 빈손과 맨발로 눈
물 흘리며 갈 것이다 편지도 오지 않고 답장도 낼 수 없는

곳으로 아쉬워하며 흔들흔들 혼자서 갈 것이다

# 초가집

    없다 없어 모두 다 높은 가시 울타리 쳐놓아 풀내 나는 사람이 없다 조금은 앞문이 벌어졌지만 미련해 보이지 않고 덧문도 한쪽으로 이울었지만 오래도록 견뎌낸 모습이 겉으론 보이지 않고 속으론 단단히 여물어 보이는 사람, 엉성하게 쌓아올린 흙담 그렇지만 결코 비바람에 쉽게 넘어가지 않는 사람, 요즈음은 보기가 힘들다 반질반질한 유리창, 한 치의 빈틈도 없이 꼭꼭 닫치는 알루미늄 같은 사람, 만지면 금세 부서질 것 같은 바삭바삭한 가슴, 물기 한 점 있지 않는 메마른 눈빛 그 속에 묻혀서 오늘도 설렁탕이나 설렁설렁 먹는다 깨끗하게 구두 뒤축을 열심히 닦는다 만날 때마다 이빨을 부지런히 닦는다

# 날마다 벗는 사람

 내 아는 자그마한 통가죽 가게 무엇이든 자르고 두드리고 버릴 수 있는 가게, 소가죽 허리띠 하날 오천 원과 바꿨다 아무 곳에나 쭐레쭐레 디밀던 코 묻은 얼굴 어디 맛있는 게 없나 떨어질 팥고물이 없나 기웃거리던 팔푼이 같던 발걸음 당분간 이상이 없을 것이다 무턱대고 침 흘리던 불안한 아래쪽을 그가 차단, 정지시켜줌에 헤매지 않을 것이다 모두가 다 허리띠를 했다고 아래쪽이 든든한 것은 아니다 오늘도 들키지 않고 교묘하게 바지 벗는 사람 통과하는 사람, 가슴이 뜨끔뜨끔할 것이다 불안할 것이다 어떤 분이 다 아신다 주무시다가도 갑자기 배꼽 위에 뜨거운 물벼락 내려주신다 그가 내 뱃구레를 든든하게 책임지고 있음에 나도 당분간 술집 근처를 어정거리지 않고 말도 되도록 삼갈 것이다 바지도 쉽게 흘러내리지 않아 어딜 가도 대소변을 잘 가릴 것이다 조심조심 필요할 때만 벗을 것이다

# 누구나 점점 그쪽으로만

벗어놓은 상투고 체면이고 자꾸 그쪽으로만 몰렸다 친구 결혼식 피로연 막판에서도 그쪽으로만 따뜻한 느낌이 담긴 말 한 마디도 그쪽으로만 소주잔도 그쪽으로만 그쪽으로만 자꾸 쓰러졌다 혀도 그쪽으로 꼬부라지고 시선도 그쪽으로, 하다못해 멀쩡한 구두 뒤축도 그쪽으로만 먼저 닳았다 속수무책 그쪽으로 무너지는 게 나뿐만이 아니었다 가슴 부푼 나뭇잎도 검게 그을린 여름 햇살도 그쪽으로만 무너졌고 들판에 멀쩡히 박혀 있던 허연 말뚝도 그쪽으로 기운 없이 팩 쓰러졌다 슬퍼서 너무 슬퍼서 속물이여 속물들이여 썩었군 썩었어 쥐어뜯어도 점점 그쪽으로만 무더기로 무더기로 쓰러졌다 모두들 눈치 보면서도 그쪽으로만 가시에 찔리고 가산까지 명예까지 모두 탕진하면서 싱싱한 쪽으로만 영락없이 무너졌다 젊디젊은 쪽으로만 힘없이 무너졌다

# 이 여름에 무사한 것은

비가 질척질척 오는 여름날엔 따뜻한 상처에 머무르기로 합니다 솜털이 언뜻언뜻 코밑에 비칠 무렵 학교 앞 할머니 구멍가게에서 몰래 훔쳐온 누우런 공책 한 권, 어둠 속 두근대며 따먹던 시큼한 개복숭아 그 상처의 고향에 머무르기로 합니다 뒷산 방공호 속 숨어 피던 꽁초 담배 그 독한 연기에 기침이 나기도 합니다만 따뜻했습니다 찬물에 몇 번씩 등목을 해도 따뜻했습니다 내 유년의 가난한 거울 속에 점점이 찍혀 있는 새까만 파리똥, 순수의 상처들 상큼한 기억들 요즈음 아이들도 새겨가고 있을까요 만들어가고 있을까요 흠집이 없는 세간 정이 가질 않습니다 음지에서 자란 새싹 맥없이 꺾어집니다 순수한 상처 만들기 새까만 파리똥이 붙어 있는 빛바랜 유년의 상처가 내게 아직 남아 있음에 이 여름도 무사하게 지나갑니다 감사하게 더위 안 먹고 지나갑니다 비가 와도 무너지지 않고 버텨 갑니다

# 나의 우물

날마다 들여다보고 있다 아무 곳에나 헤프게 퍼주진 않았는지 아무 곳에나 얼굴 디밀고 다니진 않았는지 조그마한 나의 그릇 들여다보고 있다 살균제와 표백제도 알맞게 넣고 양심의 밑바닥, 영혼의 깊이를 재보기도 하고 깨끗한 물맥 찾아 떠나보기도 하지만 언제나 시커멓게 밑이 보이지 않는다 내 어릴 적 맑고 신선한 것들은 누가 퍼내 갔을까 매일 매일 걸러도 상처가 남고 매일 매일 눈물 흘려도 앙금이 남는다 나의 물 영혼의 물은 더러워져 있고 욕심의 허드렛물만 잔뜩 고여 있다 썩은 물 냄새나는 물만 가득 안고 있다

# 껍질뿐인 나로선

　지금까지 내가 뭉개지지 않고 살아온 것이 수상하다 이태원 장어피皮 가방가게 앞 삶의 쫀쫀한 뼈 삶의 끈끈한 살 몽땅 발려진 채 껍질만으로 엮어져 걸려 있는 그가 나인 것을 내가 거기 먼지 쌓인 진열장 안에 들어앉아 지나가는 사람들이나 바라보며 팔려갈 꿈이나 꾸고 있어야 하는 것을 밥 때만 되면 어딜 가서 설렁탕이나 설렁설렁 잘 말아 먹을까 하숙집 주모 눈치나 맞추며 적당 적당 해치울까 뱃심과 속뼈도 없는 이런 허섭스레기 같은 내가 뭉개지지 않고 쫓겨나지 않고 붙어 있다니 정말 수상하다 껍질뿐인 나로선 턱턱 밀고 올라가는 뻔뻔한 뱃심 딱딱 부러지는 냉정의 속뼈 하나 없는 나로선 정말 아무리 생각해봐도 수상할 뿐이다

# 우리 집 돼지

　끼니때마다 배가 고프다고 더 이상 못살겠다고 야단입니다 성북동에서는 다섯 마리나 장안평 나의 집에는 이제 겨우 한 마리 그것도 힘에 부칩니다 밖에서 풀이 죽어 돌아온 나를 보면 말없이 등을 내밀며 배가 고파요 세상의 밥, 더러운 세상의 국물 좀 주세요 투덜대다가도 젖지 마세요 더러운 세상 비에 젖지 마세요 오히려 걱정하며 위로해줍니다 서너 달째 녹슨 10원짜리 동전 한 닢 못 줬어도 평화롭게 평화롭게 등만 내밀 뿐 오히려 찌든 나를 쳐다봅니다 측은한 눈빛으로 걱정해줍니다

# 내 몸은 더럽고 더러운 때

    요즈음 매달린 일은 따사로운 바람이나 햇살 속에서도 자꾸 벗는 일 속뼈까지 벗는 일 흘려보낸 강물 속 깊이 잠긴 내 유년의 조약돌 하나, 감춰두었던 낡은 사진첩 속 부끄러운 허영의 껍질 하나 벗겨내는 일이다 고귀한 망각의 때 미는 일이다 돌아보면 내 몸은 더럽고 더러운 때, 욕심의 때, 권력의 때 더께 더께로 쌓여 있다 햇볕에 앉아 한 사날 그걸 벗기고 나면 비어 있던 메마른 가슴 위로 꽉 막혔던 까만 굴뚝 위로 하얀 박꽃이 피고 저녁밥 짓는 연기가, 푸들거리는 생명의 나뭇잎 타는 냄새가 구수하게 날린다 벗는 일, 구멍 난 무좀 양말 하나 당당히 내보이는 일 찾아서 깨끗이 통과시키는 일 요즈음 하는 일은 그런 일이다 내가 지금껏 들고 다니던 더러운 밥그릇 하나 세상을 걸어온 냄새나는 맨발 하나 완전히 보여주는 일이다

# 우리들의 산

새가 없다 산에 이젠 새가 살지 않는다 부드러운 깃털 하나 젖은 햇살 입에 문 나뭇잎 하나 보이지 않는다 숲속에 마른 둥지를 틀고 뼈마디 앙상히 드러난 구릿빛 동전만 낳는다 아무도 돌아보지 않는다 한 그루 키 작은 때죽나무 노린재나무도 산을 내려와 어울려 산다 아주 잘 자란다 길이 익숙해질 때까지 곳간에 황금빛 먼지가 그득 쌓일 때까지 되돌아가지 않을 모양이다 시원한 물소리와 바람소리 힘에 부친 소리 죽고 싶은 소리들도 산을 내려와 더불어 함께 산다 한 채의 잠시 머무를 기둥 없는 아흔아홉 칸짜리 집을 짓는다 이태원에서 왔다는 가시부리벌새도 구파발에 산다는 검은제비갈매기도 서초동 붉은꼬리말똥가리도 이젠 산으로 가지 않는다 길을 잃은 모양이다 정이 든 모양이다 뿌리가 깊이 내린 모양이다

# 다 썩은 낙엽 되어

나뭇잎이 삼천 사천의 나뭇잎이 모여도 나무가 될 수 없음이 그로부터 떨어져 썩어야 비로소 나무가 되는 걸 낙엽한 장 떨어질 때 알았습니다 바람 불던 날, 3류 여관의 들창문 밑에 서서 지나가던 어둠 하날 불러 세워 이야기해보기도 하고 만원버스 손잡이를 허술하게 붙잡고 짐짓 불룩한 쪽으로만 흔들려보기도 했지만 스스로 제 몸에 가진 욕심의 나뭇잎 하나 제때에 버리지 못하고 예까지 왔습니다 버릴 때 제대로 버려야 단단한 나무가 되는 것을 든든한 단독의 바위가 되는 것을 이제껏 몰랐습니다 부지런히 떨구어내는 일, 군림하지 않고 군림당하는 일 이제야 깨달았습니다 이 숲속 저 숲속 기웃거리다 다 썩은 낙엽 되어 깨달았습니다 이제야 비로소 버려야 내 것이 된다는 걸 소중하게 깨달았습니다

# 흑백사진

떠나 있어도 그림을 그린다 어떨 땐 재래식 화장실에서
새벽에는 껌정 이불 속에서도 몇 장씩 손에 잡힐 듯 말 듯
한 기억의 하얀 몽당연필로 그리운 한 채의 집 낡은 시간의
헛간을 짓는다 멍석 바위에 널어논 구멍 난 고무신, 빨갛게
익어가던 세탁소집 미완이, 문화극장 태환이 형, 노란색 옷
잘 입던 아랫마을 이은주, 공 잘 차던 영택이, 정이장 집 희
찬이, 진명당구장 주인 광현이, 젖소 기르던 인석이, 농지
개량조합 건웅이, 쌀방개, 메기, 소금쟁이, 미꾸라지, 봇물
터지듯 아아라이 밀려오는 작은 흠집이 있고 귀퉁이도 조
금씩 깨진 내 유년의 오랜 사진, 가난해서 좋았던 흑백사진
들 사금파리 같은 반짝거림들 모두들 내겐 아직도 소중하
다 내겐 아직 맑은 색채로 또렷이 남아 있다

# 먹감 여섯 개
― 나의 형제들에게

젯날에나 만날 수 있다 소주 한 병씩 들고 물러터진 모습
으로, 경기도 파주 사시는 둘째 형은 기름칠하다 말고 풀칠
하기 바쁜 넷째는 씨앗만 보내왔다 납작한 봉투 속 파아란
희망 한 쪽만 사진 속에 접어서 정성스레 보내왔다 대처로
공부나간 막내놈은 곶감이 다 되었고 멀리 선 누이의 지친
날개 접는 소리도 이따금씩 꿈길 위를 사각사각 밟고 왔다
제 에미의 뿌리 따라 눈길로 달려 있던 감, 찬 이슬 같은 가
난 피해 뿔뿔이 흩어져 각자의 물맛에 견디어 내던 감, 적
금 통장을 내보이기도 하고 얻어 쓴 빚, 늘어나는 이자 계
산에 수런수런 푸념을 늘어놓기도 하다가 더욱 검어진 서
로의 얼굴을 쳐다보며 속까진 검어지진 말자고 다독거리기
도 하며 푸른 모양새의 꿈을 다독거리는 감, 한 뿌리의 가
지 끝에 매달렸던 아직은 외롭지 않은 먹감 여섯 개

# 어머니의 봉투

어둠의 끝 잘라 접고 계셨다 붙여도 붙여도 떨어지는 풀기 없는 내일을 이미 맥없이 풀어진 파란 하늘을 마른 손, 마른 힘으로 접고 계셨다

한 번 구겨지면 펴지지 않는 빈곤의 뜨락, 누런 시멘트 종이 접어 쌀을 만들고 뜻 모를 구호가 찍힌 신문질 잘라 가난을 터시며 뚝뚝 허기를 뜯어 넣고 끓인 멀건 수제비 한 그릇, 낮은 판자지붕 밑으로 기어드는 빗물의 아우성, 철없는 우리들 때 절은 투정까지 모두 눈물을 발라 접고 계셨다 길고 긴 한숨 봉투를 접고 계셨다 까만 세월의 봉투를 접고 계셨다

지금은 다 접고 편히 쉬실까 하늘의 끝에서, 지금은 무엇을 접고 계실까 잠 못 드시며 외로이 떠있는 여윈 별 하나 오늘도 말을 걸듯 곱게 빛난다 깜빡깜빡 물기 없이 눈물 흘린다

# 다시 봉투

    납작하게 눌린 보리쌀 한 됫박, 비린 생선 한 토막, 쉽게 변하거나 돌아서는 것 당장 꺼내 갈 썩는 물건만 넣어놓는다 결혼식 때 끼워준 노란 가락지 한 쌍 그것은 아직 꺼내가지 않았다 밤새 끌어안고 자는 금 간 꽃요강 그것도 그대로 있다 아직 깨지지 않았다 그것들은 금방 변하는 것 떠나가는 것 우리가 지금 가장 소중하게 챙겨 넣어둘 것은 상처 입은 사람들의 옹어리진 문 활짝 열어줄 물빛 사랑, 영혼의 따뜻한 햇살 한 줌, 깊은 어둠 속 가라앉은 초록의 진실, 넣어두는 일이다 영원히 남는 것 썩지 않는 것 오래 남는 것을 담아두는 일이다 썩지 않고 변절하지 않는 것 넣어두기, 우리에겐 그런 것들이 변치 않고 떠나가지 않는다 죽을 때까지 같이 간다 아직까지 그것들이 우리에게 소중한 먹거리다

# 이런 봉투

만나기가 어렵다 십여 년 만에 만난 국민학교 동창 하나 너무 얼굴이 반지르르해서 뚜껑만 멋이 있고 백일장 하며 만난 선배 한 분 종이 질이 너무 얇아 사타구니까지 훤히 비쳤다 일부러 인사동 술집 근처를 어슬렁거리기도 하고 막걸리 한 잔 나눠 마시러 실비집 골목 어귀에 앉아 기다려 보기도 했지만 어쩌랴 갈수록 좁은 봉투 작은 봉투 다 썩은 봉투만 보인다 제법 실해 보이던 닥나무 봉투 하나 몇 번 소주에 젖더니 맥없이 풀어지고 명문대학 도장 찍힌 건방진 봉투 하나 몇 번 밤이슬 같이 맞더니 양말에 난 구멍까지 다 보인다 어디에 있을까 넓고 깊은 봉투 하나 꾹꾹 눌러 담아도 찢어지지 않는 봉투 하나 온 세상 빗물 다 담아도 젖지 않는 깊고 질긴 봉투 하나

# 가장 큰 봉투

마누라는 내 것이 작다고 좀 더 클 수 없냐고 때만 되면 붙잡고 바가지입니다 흔들고 까뒤집고 털어봐야 그게 어딜 갑니까 미아리에 산다는 제 친구 남편은 그게 63빌딩만 하다고 구파발 종점에 살던 누구 집 남편은 그게 항공모함만 해서 10평짜리 연립주택 전세 들게 됐다고 반공갈을 해댈 때는 정말 쥐구멍이라도 정말 어디 가서 뺑튀기라도 해야겠다고 다짐하지만 그게 어디 제 사정뿐이겠습니까 외상 술값 떼어주고 월부 책값 제하고 얻어 쓴 돈 이자 내고 탈탈 털다보면 겨우 코딱지만 하게 작아진 봉투 힘없는 봉투 슬픈 월급봉투 하지만 제가 밤마다 접고 있는 비밀의 봉투는 세상에서 가장 클 겁니다 어떤 것은 하늘보다 큰 것도 대통령보다 더 높은 것도 있습니다 어젯밤엔 너무 열심히 접다보니 온 방안에 화사한 나비가 쌍쌍이 날아들고 와르르 와르르 말씀의 요정들이 무지갯빛 그네를 타고 신나게 별빛 속으로 꿈길 속으로 춤추며 안기어 들었습니다 깨어 있는 자가 만드는 창조의 봉투, 언어의 봉투, 너무 깊어 보이지 않는 영혼의 봉투, 그걸 만드는 저는 가난한 알부자, 배가 고파도 하루하루가 즐겁습니다 밤을 새워 접어도 힘들

지 않습니다

# 물이 옷 벗는 소리에

　벗어던지는 소리라 했다 먼지가 나고 목마른, 푸석푸석한 당신의 골짜기에서 누가 옷을 활활 벗어던지는 소리 안개가 밤새 꼬아 만든 젖은 물새알 하나 바위에 남기고 간 슬픈 빛깔의 소식 하나 갈비뼈 사이 숨어 두근대는 작고 연약한 허파꽈리의 신음소리까지도 모두 벗어던지는 것이라 했다 활활 다시 벗어던지고 미련 없이 혼자서 꼭 빈손으로 돌아서라고 했다 거기까지 가면 아무것도 필요 없다고 했다 물렁뼈까지 곰삭아져 물같이 날개도 없고 훈장도 없이 한 점 그대로 머무르는 생명, 한 줄기 싱싱한 여름 소나기에 잠시 머무르는 이슬 방울, 물의 내장 물의 뼈 물의 말간 피까지 투명함으로 살아남으라 했다 알몸으로 남아 올라 떨어져 부서져도 온전히 홀로 옷 벗는 물이, 발가벗겨져 부끄럽지 않은 하나의 흔적도 없는 물이 되어지라 했다 거기까지 맨발로 가서, 빈손으로 꼭 같이 돌아오자고 했다

# 고백

이때껏 속이고 살았습니다 그의 영토에 들어가 그와 만나고자 함은 내 더러운 배꼽의 때, 당당히 보여줘야 하는 걸 내 걸어온 낡고 냄새나는 양말 한 짝 깨끗이 보여줘야 하는 걸 이때껏 감추고 살았습니다 내 욕심의 다 삭은 붕어 자물통, 내 마음의 다 닳은 걸쇠부터 뽑아놓아야 더러운 내 사타구니의 때부터 속 시원히 그에게 보여줘야 하는 걸 이때껏 난 감추고 살았습니다 이때껏 속이고 살았습니다 (짐승들아 짐승들아 너희들도 무엇이든 감추고 사니?)

# 영혼의 햇과일

그것들이, 신선한 햇살의 그것들이 신비스럽게 다독거리며 저희들끼리 두런두런 영혼을 퍼 담고 있는 것이 사랑스럽습니다 이럴 땐 큰 소리로 알리지 않아야 합니다 눈을 감고서 껍질마저 벗고서 조그마한 소리로 조그마한 몸짓으로 이야기해야 합니다 끝도 없이 쏟아 붓는 이윤의 소리, 빈 그릇과 빈 그릇 사이에 부딪치는 출세의 소리가 아닌 쓸쓸한 가을비에 뒷모습이 젖어내리는 명예, 그런 것과는 전혀 다른 우리들 영혼의 양식을 거둬들이는 샘물 속의 가랑잎 그런 상큼한 이웃들을 모셔다 들밥을 먹습니다 비린내가 나지 않습니다 매일 매일 먹어도 질리지 않습니다 그 식사에 초대 못 받은 분들은 불행합니다 그것들이 신선한 영혼을 퍼 담는, 솔직히 말해서 발뒤꿈치를 들고서 징검다리를 건너오는 양손에 흰빛의 고무신을 들고서 이윤들의 출세들의 명예들의 물기를 말리는 작업, 그 속에서 벙글어 열리는 살아서 반짝이는 영혼의 햇과일 그 맛, 요즈음 그 맛에 삽니다 넘치는 그 맛에 오래 머물러 삽니다

# 민들레

　빈 주머니와 노란 누더기 한 벌, 가장 소중한 밑씨 하나만으로 여행을 떠난다 가지고 있음이, 찔렁찔렁 주머니에서 얕은 소리가 난다는 것이 얼마나 부끄러운 일인지 모르겠다 아무것도 갖고 있지 않음으로써 내 것인 모든 것, 작고 연약한 햇살 몇 줌, 훈훈한 바람 한 송이와 이윤도 명예도 버린 마른 초록의 깃털 하나 그것이 우리가 가진 거짓 없는 전 재산, 메마른 도시의 사람들이여 화려함이여 산다는 것이 이토록 눈물겹게 고마운 것임을 왜 못 느끼고 계시는가 비워두면 가볍다는 걸, 그것이 가장 깨끗한 희망인 것을 왜 못 느끼고 계시는가

# 돌아감에 대하여

모두들 돌아가고 있었습니다 자기가 덮고 자던 케케묵은 색동이불 개키지도 않고 그냥 내깔겨 두고 돌아가는 걸 파란 무 싹 물기 젖은 눈으로, 여리디 여린 겨자빛 무딘 더듬이로 보았습니다 누런 천막 밑 하얗게 타서 없어지던 겨울 통나무, 세상의 통나무, 육체의 통나무, 자유로이 하늘로 우리나라 하늘로 재가 되어 날아가는 걸, 살아 있는 웃음소리 여명 속에 잠기어드는 것 보았습니다 이제는 살 만하니까 입성도 조금 깨끗해지고 밥술이라도 제법 뜰 만하니 어린 가솔만 불쌍하게 남겨둔 채 돌아가는 걸 하얀 헤어짐의 기름등잔 하나 까무룩히 슬프게 졸고 있는 걸 신고 다니던 흰 고무신도 그대로 놔두고 몸 비비며 같이 울던 베갯잇들의 온기도 모두 놔둔 채 묻어오는 새벽 찬 공기와 함께 맨발로 하늘을 향해 재가 되어 돌아가는 걸 혼자 터벅터벅 걸어서 모두 하늘로 하염없이 돌아가는 것을 가지 않으려 하는 자 먼저 가는 걸 파란 무 싹의 물기 젖은 눈으로 보았습니다 틀림없이 돌아갈 걸 보았습니다

# 바람처럼 햇살처럼

맞았어 개구리밥 물달개비야 뿌리 없는 것들의 흔들거림이야 그 작은 쪽문으로 기어들어와 새벽 첫 닭이 몇 번씩 울어도 더 있다 갈래요 조금만 더 있다 갈래요 매달리는 햇살, 아무것도 들고 가지 못하고 울며 쫓겨 가는 햇살, 우린 한 뼘도 안 되는 저녁노을이야 시간의 껍질이야 굵은 느티나무 밑 제목도 없는 활동사진 하얗게 바래지고 옹이투성이 미움투성이 상처투성이 깡마른 얼굴로 남아 이리저리 쓸려가는 텅 빈 바람이야 잠시 머물다 가는 마른 쭉정이야

# 속까지 젖기 위해


  늘 푸른 나무에게서 한 그루 잘 마른 영혼의 늘 푸른 나무에게서 배우고 있습니다 이슬 하나 만나서 함께 웃는 법 바람의 언어로 함께 사는 법 다 삭은 낙엽 하나로 춥지 않은 법 홀로 젖고 있습니다 우리들 어리석은 욕심의 빗물 위에는 비춰지지 않습니다 만지지 않아도 부르지 않아도 가득히 느껴질 때 비로소 속까지 젖는 법 거기까지 물빛 상처로 가서 만나기가 어려운 법 우리는 세상일에 껍질만 젖는 작은 나무상자 밤마다 외로운 들판 홀로 걸어가 슬픈 눈물에 젖는 작은 이슬 상자

## 정갈하기 위해

봄바람의 덧문도 흔들어 보았습니다 아지랑이 한 묶음 풀어다 목간도 해보고 빛의 향기 닿지 않은 수련睡蓮의 꽃술 데려다 어둠도 털어보고 대처의 술 파는 주막 텅 빈 주머니, 귀 떨어진 쪽박 들고 아무개 아무개와 함께 어울려 우두둑우두둑 뜨거운 밤을 하얀 서정의 뼈로 분질러도 보았지만 어리석은 영혼, 한심한 쓰레기였습니다 빗물에 씻긴 명아주풀 하나 허재비로 내게 와 울 뿐 초가삼간 꽃요강만 차갑게 차갑게 식고 있을 뿐 모두들 돌아앉아 있었습니다 은근짜 놋숟갈 하나 때 절은 속곳의 하나 세상 어지러움에 오슬오슬 떨고만 있었습니다

# 옷장을 열고 보니

　큰일났습니다 버들붕어의 단벌옷 왕딱정벌레의 단벌옷 오갈피나무의 향내 나는 단벌옷 모두 욕심 없고 유행 없이 입고 사는데 금수저 은수저 없이도 잘살고 있는데 나에겐 없습니다 색칠만 요란한 명예의 두루마기, 껍질만 두꺼운 욕망의 동저고리, 못된 것밖에 넣어 두질 못했습니다 이건 정말 야단났습니다 도와주십시요 껴입어도 껴입어도 속살이 훤히 비치는 영혼의 단벌옷 물에조차 젖지 않는 순백의 단벌옷 정갈한 마음의 단벌옷 밑바닥까지 훤히 비치는 허심虛心의 단벌옷 아무리 뒤져도 보이질 않습니다 도대체 어디서 파는지 알 수가 없습니다 값비싼 옷집에는 더더구나 없습니다 절친한 친구조차 알려주질 않습니다

# 물소리

고향을 떠난 뒤 한 번도 그를 만나지 못했다

첫사랑에 실패해본 사람은 더욱 잘 안다

# 연밥의 눈물

　물에 떠 있었다 보이는 곳에서 보이지 않는 곳으로 남루 한 벌 걸치고 가고 있었다 어둠을 향해 터는 햇발의 떨림 소리, 멀리 선 바람들의 신발 벗는 소리, 모두 그를 향해 걷 고 있었다 물은 언제나 물이었을까 꽃은 언제나 꽃이었을 까 깨달음이여 깨달음이여 큰 마음 깊은 소리로 울고 울었 다 진솔 청정清淨 하나 울고 있었다 뜨거운 벌판 눈물 흘리 며 가고 있었다 진흙 속에서 말씀 한 송이 피고 있었다

# 저녁 숲을 내려가며

　바리바리 꿈을 싣고 떠나는 붉은 노을의 무리들 연약한 햇살 몇 점은 그 속에서 쉬어가자 했다 어차피 먼 길, 떠나가는 마른 먼지들의 빈손 하나 나뭇잎들이 흔들다 만 초록의 상처 하나 깨어나면 같이 떠나자 했다 어차피 우리가 찾아가는 길은 내려가면 내려갈수록 언덕이 높아 사람들이 빗물처럼 모여 살 수 없고, 이미 구름의 꿈 바람의 꿈 말라버린 까만 씨앗만 자라고 있어 황폐하지만 그래도 그 속엔 파릇한 새순 팔 벌리는 영혼의 나무 한 그루 만날 수 있다고 했다 꿈꾸는 물소리 들을 수 있다고 했다 지금은 껍질로 헤매일지라도 아래로 아래로만 내려가면 맑게 비치는 샘터 하나 찾을 수 있다고 했다

# 파도의 집

모두들 집을 짓고 있다 잔잔한 물의 살갗 위에 텅 빈 기둥을 내리고 부서지는 포말들의 뼈대를 모아 떠 있는 물의 집, 허공의 집을 짓고 있다 밀려가며 부서지는 허망한 모순의 집 쌓아올리면 무너지는 힘없는 그들의 집 '인간의 바다 위엔 아무것도 세울 수가 없느니라' 오래 전부터 우뚝 서있던 벙어리 바위 하나 그들만 조금씩 집을 짓고 있다 커다란 목소리를 눌러 참으며 온몸으로 버티며 짓고 있었다 침묵의 집 한 채 짓고 있었다

# 소를 찾아서

알몸 하나로 젖고 있었다 깨끗해야 그를 만날 수 있다고
향나무들이 말했다 차가운 밤이슬들의 꿈의 날개 터는 소
리, 꽁꽁 걸어 잠근 마른 가슴 여는 소리 때 묻은 우리들 욕
심의 거적때기론 만나지 못한다고 세속의 갈기만 커간다고
그는 조용히 타이르고 있었다 파란 우뭇가사리의 작은 소
망도 수북이 꺾인 푸른 이끼들이 꿈꾸던 희망도 깨끗해야
그를 만날 수 있다고 했다 나뭇잎도 끄덕이며 가고 있었다
저벅저벅 따라서 가고 있었다 보이지 않는 그를 찾아가고
있었다

# 우리 시대의 풍경화

저잣거리 흙탕물길 막아선 이 누구인가 육모 방망이 포졸인가, 좌의정 대감 쫄데긴가, 벌건 대낮 늘어놓은 이판 좌판 난리 났네 콩떡 팥떡 어디로 숨을까 말조개국물도 앗 뜨거워라

번개 머슴아, 어디 갔느냐 벼락쇠는 뒷간 있냐 지나가는 만원버스 뒤뚱뒤뚱 비웃고 가네 날아가는 무명 참새 쌜쭉 웃고 똥 갈기네

# 말뚝

　몸통 하나로 버티고 서있다 깨끗이 껍질까지 모두 빼앗겨 홀로 눈 부릅뜬 채 깨어 서있다 이 땅에 박혀 썩는 것 너희들뿐이랴 꼿꼿이 서서 잠드는 것 너희들뿐이랴 얼어붙은 개울가 통곡 하나 박은 채 슬픔 이겨 죽음 이겨 버티고 서있다 침묵의 불칼 하나 뜨겁게 벼린 채 가슴까지 묻혀서 비웃고 서있다

# 별자리 지키기

   요즈음 하늘엔 별들이 하나도 없어 너무나 어두워 모두
들 헤매고 있습니다 별이란 별들은 모두 다 어깨나 직장에
심지어는 조무래기 딱지치기에까지 끼어들어서 진짜 있어
야 할 곳엔 하나도 없습니다 불안하고 황당해 앞길이, 우리
나라 앞날이 아주 캄캄하다며 친구는 벌써부터 낮술입니다
아무리 차근차근 밟고 올라가도 별안간 코앞에 총알같이
떨어져 먼저 의자에 앉아 있거나 이래라저래라 빈 깡통이
힘주고 야단입니다 저야 워낙 말석, 꽁무니 근처라 속이 덜
상하지만 한 자리에서 십 년, 이십 년 지켰던 사람, 개미처
럼 열심히 일하던 사람들은 얼마나 가슴속이 엉망이겠습니
까 왜 이다지 이민 오는 별들이 그렇게 많은지 낙하산 타고
내려오는 별들이 어찌나 많은지 하느님도 아시면 야단 야
단 하실 겁니다 텅 빈 별밭 보시며 어디로 모두 놀러갔냐고
제자리 지키지 않고 어디 가서 힘주고 있냐고 노발대발 소리
지르며 화낼 것입니다 모두 다 불려가서 혼쭐날 것입니다

# 말똥구리의 말

너희들만 어둠의 똥덩어리 굴리고 있는 것이 아니다 너희들만 피투성이로 지상에 서서 무너지지 않는 사람들의 사이 열려오는 새벽 둑길을 향해, 언 몸으로 맨발로 어둠을 굴리는 것이 아니다 너희들만 진달래 산천을 돌아 지친 몸의 뼈, 깃대로 세우고 찢긴 가슴의 살, 깃발로 펄럭이며 가야 할 높다란 황톳길 기어서 기어서 가는 것이 아니다 너희들만 뜨거운 가슴이 있어 심장이 퉁퉁 미친 듯 뛰고 숭고한 바람 마주 안으며 너희들만 너희들만 온 세상 짊어지고 가는 것이 아니다 너희들만 두 눈이 시퍼렇게 살아 흘러가는 강물 지켜보며 너희들만 무거운 시대의 쇳덩이 굴리며 빛나는 땅 찾아가는 것이 아니다 너희들만 너희들만 겨울의 얼음덩이 굴리는 것이 아니다

# 나무

─ 權赫忠 님께

　한 그루 떳떳한 나무를 보았다 가슴 깊은 골짜기, 당장 메아리도 닿지 않는 곳 '평화의 집'에서 보았다 더러운 것들은 다 털어내고 시커먼 것들은 다 잘라내고 서서 있는 것 보았다 지금 편안히 잠자는 자들은 모르고 있다 지금 한창 봄날인 사람들은 어딘가 썩어 있다

　나무는 어떤 어두움 속에서도 꼿꼿이 선 하나의 나무가 으뜸이다 흔들리지 않는다 죽어서도 꽃이 된다 당장은 떠돌이새도 날아와 앉지 않고 옹이마다 퍼렇게 멍이 들어 시름시름하지만 아직까진 이 땅에서 상등품이다 으뜸이다 나무는 오직 하나의 열매를 생각하며 묵묵히 가는 일, 심장에 쇠못이 박혀 생명을 버릴지라도 뿌리째 뽑힐지라도 그날 위해 의연하게 바람맞는 일, 온몸으로 밀고 나가는 일이다 신께서도 잘했다 잘했어 칭찬할 것이다 커다란 열매 하나 주실 것이다

# 마른 수수깡으로 서서

　다 돌아가고 혼자 남았습니다 알곡은 사랑방 천장, 씨받이로 모두 다 주어버리고 빈털터리 마른 수수깡으로 서 있는 것은 아직도 흔들거리며 버티고 선 것은 단 한 번의 낫질을 기다림입니다 몇 품 남은 초록빛 체온 그것마저도 땅의 살, 마른 피부에 던져주고서 이제 마지막 남은 일은 불타오르기 바싹 마른 온몸 던져 불타오르기 단 한 줌 남은 뼈 태우기 위해 잔혹한 겨울 아궁이 속에서 불타오르기 마른 온몸 손뼉 치며 타오르면서 연기 되어 연기 되어 되돌아가기 언덕 위 멀리 보이는 잿빛 하늘로 찾아오는 새 소식 날려 보내며 마지막까지 핏기 없는 연기가 되어 뼈도 없고 살도 없이 맨발로 서서 쓰러지고 넘어져도 똑바로 가기 아직도 내가 머리 흔들며 버티고 선 것은 내 한 몸 서럽게 불타올라서 횃불 되고 연기 되고 재가 되어서 우리나라 우리 흙으로 돌아감입니다 굵은 마디 흙속에 곱게 내주고 살도 없고 이름도 없이 돌아감입니다 재가 되고 거름 되어 척박한 이 땅에 보이지 않는 꽃이 되어 피어남입니다

# 곶감

    누굴 향한 복수심에 저리 됐을까 청정한 가을 바람 고개 숙이고 차디찬 무서리도 비켜서 갔네 달디단 살덩이 모두 내주고 눈 부릅뜨고 사는 것 너희들뿐이랴 껍질까지 빼앗 긴 채 살아남아서 날카로운 싸릿창에 심장이 뚫려도 하얀 꽃 절개로 핀 것 너희들뿐이랴 죽어서도 살아 있는 것 너희 들뿐이랴

# 거머리

　바닥 보이는 쌀독 안에도 어머니의 작은 심장 마른 손에
도 머리를 박고 힘차게 빨고 있었다 미나리꽝에서 돌아온
아버지의 가는 허벅지, 벗어놓은 검정 고무신 밑창에까지
징그럽게 발판을 대고 빨고 있었다(누굴까 저렇게 끈질기
게 붙어 다니는 것은) 벌건 노을 걸린 텃밭 사이로 비료대
금 독촉장, 농사꾼 빚 갚아준다는 헛소문만 먼지처럼 발목
까지 날아들고(이젠 내게 더 이상 줄 피가 없다) 작년에 떨
어진 마늘 꽃은 언제쯤 필까 막내딸 시집갈 때 무너진 건넌
방 서까래는 누가 고칠까 수숫대를 얽어서 바른 흙벽의 어
둠 속 눈을 뜨고 놈들이 웃고 있었다 내일은 텃밭이나 갈아
엎어야지 삽으로 몽땅 뒤집어 버려야지 곳곳에서 놈들이
번뜩이고 있었다

# 모기

　놈 때문에 후덥지근하고 여간 짜증스럽지 않다 거리가 막히고 비겁하게 머리에다 쏜 게 아니냐며 사람들은 코를 잡고 황급하게 지하도로 흩어졌다 마른번개는 언제까지 낮잠만 잘까 개떡을 실은 고물자전거가 "초보자 우대 미군 장교 클럽 선불 줌"이라고 쓴 낡은 종이쪽지가 나풀대는 전봇대 사이로 덜컹이며 지나갔다 국민 평화대행진을 알리는 석간신문 위로 최루탄 독가스가 또 한 차례 쏟아지자 사람들은 바퀴벌레처럼 재빠르게 사라졌다 올 여름 모기는 너무 지독스러워 이번에 기어코 끝장을 내야 한다며 아버님은 맹한 하늘을 노려보셨다 생쥐들도 오줌이 마려운지 도처에서 길길이 뛰어다녔다

# 진공청소기

더러운 먼지만 잡숫고 계시다 의자 밑 깔려 있는 절박한 고통 소리 철창 속 개켜 있는 짓눌린 비명 소리 저잣거리 떠도는 한 맺힌 설움 소리 허기진 뱃속에 넣고 계시다 붙어 있는 헛껍질이나 핥고 사는 일 진짜 없어질 놈들은 그대로 남고 붙어 있는 검불이나 먹고 사는 일 진짜 알맹이들은 깨부수지 못하고 달라붙은 송사리 놈이나 털어내는 일 먹어도 먹어도 배고플 것이다 답답하고 성질나서 미칠 것이다 뜨거운 헛방귀만 날리고 사는 일 해도 해도 너무한다 생각할 것이다

# 귀머거리 나무

나무야 나무야 미련한 나무야 나무꾼 고함 소리에 넘어가기 전에 썩은 뿌리 탁탁 털고 내줄 줄 알아야 제 목의 끝에 달린 아슬아슬한 왕관, 꿀 가득 들어차 있어 아까운 왕관 잘못했다 용서 빌며 내줄 줄 알아야 목숨이라도 남는단다 미련한 나무야 잘리지 않고 살아남는다 민둥산 나무야

제 꿈에 넘쳐버린 욕망의 삭정이 제 힘에 웃자란 벌레 먹은 삭정이 뉘우치고 깨끗이 스스로 버릴 때 우리나라 여름은 푸르르나니 구석구석의 어둠도 물러가나니 먼―산, 보며 간다는 한심한 나무야 제때에 옷 벗어야 새잎 돋으며 목숨이라도 남는단다 민둥산 나무야 사람마다 흐르는 물소리 듣지 못하는 나무야 나무야 귀머거리 나무야 이제는 더 못 버틸 어둠의 나무야

# 두엄더미를 보며

물도 굳어지면 칼이 될까 벌도 나비도 찾아오지 않는 외
로움의 두렁 어두움의 골짝 날파리와 구더기 잡살뱅이들만
껴안고 썩고 있다 지푸라기들의 서러운 황톳빛 눈물 하나
침착하게 바라보는 날 세운 가슴 하나 부글부글 끓어오르
는 침묵의 혀끝까지 모두 한 번씩은 썩어야 기다리는 꽃 한
송이 피울 수 있다는 것을 우뚝 한복판에 솟아오를 우리들
의 산 만들 수 있다는 것을 아는 까닭에 찬 서리 온몸 하얗
게 덮여도 살덩이 한 점까지 썩히고 있다 뼛속까지 완전히
썩히고 있다

# 멍청한 숲속엔

　힘없는 뼈들만 모여 있었다 가난한 나뭇잎만 골라서 따는 힘 있는 팔뚝이 모여서 살고 햄버거와 생선초밥 더불어 살고 잘 깨지는 뚝배기도 같이 있었다 40년 해수바람 아직도 불고 부러진 꿈 녹슨 기찻길 허리 끊겨서 총을 들고 나무끼리 싸움도 하고 피 흘리며 옥신각신 삿대질하다가 어두운 밤 여자 찾아가기도 하고 꽃가루탄에 머리가 깨져 눕기도 했다 멍청한 숲속엔 대통령이 없어서 보이지 않고 잡히지 않는 안개만 있어서 아직까지 잠이 안 깬 안개숲인가 눈을 찾아가는 햇살 눈 속에 묻히고 뿌리 찾아가는 햇살 빨강이 되고 모두 다 같이 벗는 껍질인데도 알맹이라 우기면 알맹이 되었다 흰꽃인데도 우기면 빨강꽃 되었다

# 비탈에 서서

　남녘부터 벌름이며 오는 콧바람 어름어름 모여 주먹질하고 5월 바람 탄 방앗간 입방아도 팅팅한 엉덩이 씰룩이는 걸 봐도 오려나 보다 벌써 그가 문 앞까지 와 있나 보다 날도 흐리지 않은데 저마다의 장독 뚜껑을 덮어야 하는가 보다 파란 이파리들 와—와 투레질로 꼬챙이 눈뜨고 살피는 걸 봐도 멍석 위 으쓱대는 덜 여문 장군고추, 바지랑대 끝에 매달린 썩은 빨래들은 걷혀야 하는가 보다 하기야 너무 매 맞아 휘청이던 비, 너무 기가 막혀 돌아앉던 비, 이제 맨 손뿐인 밭벼들 깊은 주름위로 맨발로 젖어오려나 보다 저렇게 다 꺾인 4월의 가지 끝조차 푸른 손톱 내밀고 벙어리 먹구름까지 마른번개 데리고 몰려나온 걸 봐도 다 바랜 3류 영화관 삐라까지 소맷자락 펄럭이며 삿대질하는 걸 봐도 이제 참말로 오려나 보다 싹싹 쓸어갈 장대비가 기어코 마른 땅에 오려나 보다 한바탕 질퍽하게 오려나 보다

## 교목喬木

나무는 혼자일 때 나무다 거룩하다 모여서 자기들의 잎
사귀와 자기들의 그늘 밑을 만들 때 나무는 나무가 아니다
숲이다 나무와 나무가 모여 있으면 진짜 나무는 보이지 않
는다 숲만 보이고 진짜 나무는 보이지 않는다 바람들도 웃
으며 지나간다 어둔 밤 새벽별이 혼자 뜨듯이 서쪽으로 가
는 달도 혼자 가듯이 나무는 혼자일 때 나무다 죽어서도 가
장 뾰죽한 말뚝이다

# 흰 머리카락

가늘고 긴 꽃 하나 떨어져 있네 지치도록 걸어온 낡은 고무신 어느 분 무너지는 하얀 억장이었을가 누가 품고 흔들던 새벽의 깃발일까 차가운 마룻바닥 칼날로 섰네 웃풍에 날아갈 듯 귀퉁이로 몰려갈 듯 넘고 넘은 험한 길 말하고 있네 수만 가지 북소리 울리고 있네

# 무서운 이야기

작은 오솔길이 있었다 또 다른 작은 길과 이어지면서 오손도손 재미있게 살고 있었다 무더운 어느 여름날, 착한 나무들이 착한 풀잎들이 소리 없이 잘려나가며 넓고 좋다는 큰길이 새로 생겼다 온몸이 흙속에 묻힌 작은 길들은 아직도 자기가 눌린지 알지 못했다 아직도 왜 눌려 살아야 하는지 알지 못했다

# 동두천 나무시장

　2만원에 잘려온 가문비나무는 수령 21년 버짐나무 아저씨 딱총나무 아저씨 날아와 지친 나뭇가지에 머무르다 갈 때면 쪽빛 소식 담은 바람 한 장 불지 않는다고 무명빛 아지랑이 뒷모습도 보이지 않는다고 슬프게 흔들린다 키 크고 코 큰 나무 노란 털이 보숭보숭 난 줄기 쭉 뻗은 나무들 틈에서 자라다 너무 늙어서 이파리도 떨어지고 싱싱하던 뿌리도 이젠 썩어서 탄소동화작용도 못한다고 위경련만 일으킨다고 17년생, 19년생 푸르른 산뽕나무 북가시나무 따뜻하고 늘 푸른 나무에게 밀려나더니 '경기 아 이판사판' 용달차에 실려 여기까지 밀려왔다 햇살 하얗게 말려놓은 영혼의 푸들거리는 멍석 위로 거치른 씨앗 하나 눈뜨게 해주세요 살아나게 해주세요 푸르른 생명이 새로움의 싹을 틔우려는 소리가 애타게 들려오면 어디서 톱질하는 소리가 지치는 소리 밑둥 짓밟는 소리 꽃 같은 세월이 신음하는 소리가 눈 감아도 들린다 2만원에 잘려온 가문비나무는

# 물푸레나무

　인사동 허름한 대폿집 촉수 낮고 사람도 낮은 불빛 아래
밤에만 자라는 물푸레나무가 있다 광주임업시험장에나 있
음직한 마디 굵고 껍질 거칠어 마른 북어 같은 물푸레나무,
하얀 실크 블라우스 붉은 매니큐어 술잔과 술잔 사이에서
왔다갔다 자란다 조금만 더 흔들다 돈 많은 나무와 뿌리 엉
키고 싶다고 늙었어도 편안하게 모셔갈 나무와 싹틔우고
싶다고 다 썩은 누린 옹이 하얗게 흔든다 강원도 산골 살다
뽑혀서 왔다는 어린 물푸레나무, 산으로 가고 싶다고 두고
온 동생 늙으신 어머니 모두 보고 싶다고 홀쩍홀쩍 눈물 뿌
릴 땐 내 가슴 속 작은 10촉짜리 사랑도 슬프게 흔들린다
우리들 사타구니 사이 엉성하게 가지를 뻗은 늙은 물푸레
나무도 힐끗힐끗 눈치 보며 멋쩍게 흔들린다

# 꽃이 필 때까지

비밀입니다 정말 당신만 알고 있어야 합니다 어딜 가도 지금껏 같은 노랠 부르고 있습니다 거기서 먹고 자고 늘 생각하고 있습니다 남들은 축구장이나 야구장에서 정신없이 소리를 허비할 때 하얀 목선을 타고 이산의 강가를 헤매기도 하고 어떨 땐 눈물이 글썽한 만남의 기러기 품속에 안겨 북으로 북으로 날아도 가봅니다 10여 년, 서대문 살던 친구는 20여 년 어머닌 벌써 30여 년이 넘도록 열심히 열심히 부르고 계십니다만 아직 싹도 나오지 않습니다 꽃이 피지를 않습니다 수상하여 뿌리를 들쳐보면 오, 싱싱한 민족의 냄새가 풀풀한 겨레의 향기가 벙시레 열리고 남쪽에선 노랑나비 북쪽에선 연두나비 어울려 두둥실 붙잡고 막걸리 두어 사발 퍼질러 놓고는 걸쭉한 소리질로 덩기 덩기 덩더쿵 덩 덩기 덩더쿵 우리 가락 우리 희망 모두 거기 웅크려 있습니다 눈물 흘리고 있습니다 추위도 따뜻하게 기다리고 있습니다

## 사과꽃

찢어진 봄의 틈새로 흰옷 입은 난쟁이 계집아이들이 향기를 담은 바구니 들고 내려오고 있었다 눈감아도 실핏줄이 다 보였다 물 묻은 바람의 혀 길게 내밀고 나뭇가지 겨드랑이 사이를 살살 간질이자 속치마 하나를 슬쩍 내비친다 언제나 껴입기만 하는 우리는 슬펐다 뻣뻣해서 부러지기만 하는 나는 슬펐다 언제쯤 필까 하얀 마음 꽃, 언제쯤 필까 뜨거운 사과꽃

# 비

잠들어 있는 것을 흔들어 깨우고 있었다 작고 여린 것에서 크고 단단한 것까지 남김없이 모두를 용서해주고 있었다 원두막은 온몸으로 초가집은 두 손으로 벼포기들은 가슴으로 만지면 금세 터지는 영혼의 말, 영혼의 소리를 빈 그릇 빈 주머니에 담아주고 있었다 떠나온 고향으로 데려가고 있었다 높은 산 너른 벌판이 그를 보며 서있고 땅에서조차 젖지 않는 우리들의 이름과 청량리 서울역 남대문 영등포 낯선 아이들, 더러운 내 그림자도 씻겨가고 있었다 덥수룩한 턱수염 신 막걸리 같은 비가 입이 있어 소리 나는 것들을 용서해주고 있었다 가득 가득 메마른 영혼을 채워주고 있었다

# 얼룩

　헹구어 널어도 빠지지 않는 얼룩 하나 있습니다 초강력
세탁기에도 소용이 없어 깨끗한 별 찾아 널어보기도 하고
조용한 숲 찾아 맑은 물소리 듣기도 했습니다만 지워지지
않습니다 부끄러워 진실이란 헝겊을 덧대서 짜깁기도 해보
고 한 벌 남은 은수저 손에 들려 보냈지만 돌아가질 않습니
다 용서하질 않습니다 예수님 얼굴로도 문질러보고 부처님
손바닥으로 비벼도 보았지만 어쩌랴 오히려 하얗게 되살아
납니다 영혼의 상처 입은 얼룩 하나 세월 따라 잘못 디딘
위험한 다리 하나 어떡해야 깨끗이 지워질까요 어떡해야
말끔히 지워질까요

# 면도날

　자주 베이고 있다 부슬부슬 떨어지는 가랑비, 한참 잊고 있다가 생각난 지키지 못한 약속, 꼭꼭 걸어 잠그고 사는 사람들의 눈빛에는 어김없이 베었다 피는 나오지 않고 눈물만 나왔다 무식한 내 면도날 하나, 어느 분 잘 자라는 희망의 여린 새순 베어놓지는 않았는지 어느 분 고귀한 자존심, 엉뚱하게 꺾어놓지는 않았는지 고개를 들 수가 없다 한 채의 정갈한 집짓기, 말씀의 집짓기, 어렵고 힘이 든다 갈수록 무뎌진다

# 봄

수염이 수더분히 겨울의 엉덩이를 연초록 회초리로 때려주고 있었다 눈을 타고 달리는 하늘나라 유리 병정 따스한 아지랑이 햇살군단과 맞배지기 씨름 기술을 걸고 있었다 살얼음 빚어 만든 열쇠를 들고 마지막 문지방을 넘어서면서 한 올 한 올 풀어 짠 버들아씨 편지를 그의 치마폭에 소담스레 담아주자 떨고 있는 영혼의 천둥벌거숭이들이 두툼한 겨울잠 속에서 횃불 밝히고 있었다 밀려오는 너털바람에 짧아지는 아저씨, 고드름 그 맑은 병 속에 무거운 세월의 잠들이 녹아내리고 있었다 부지런히 제자리에 붙박히고 있었다

# 여름

터뜨리고 있어요 꽃망울들이 합창으로 손뼉치고 있어요
투명하게 살자고 비워내며 살자고 망나니 많은 벌판에서
연초록 연초록으로 소리치고 있어요 아침이 그의 뜻대로
물방울을 만들고 달빛도 그의 명령에 말 못하고 있어요 겨
우내 밟혀 있던 알이 굵은 청보리 남녘 들판 더듬어 오는
봄나물들의 큰 팔뚝 옹기종기 힘차게 맞버티고 있어요 잠
이 깊게 들었던 청기왓골 개울물도 으샤으샤 으샤샤 소리
치며 흘러요 입을 크게 벌리고 두 번째 계절의 담을 지켜보
고 있어요

# 가을 안개 속에서

　버릴 일이다 노란 물감 가득 풀며 떨어지는 쓸쓸한 형용
사 자유롭게 땅 위에 뒹굴게 할 일이다 여름내 채워두었던
햇살꾸러미의 따뜻함 몇 쪽, 코스모스 꽃잎으로 엮은 잠자
리 날개의 투명함 몇 쪽, 가득 가득 물꼬를 터놓을 일이다
미련 없이 던져주고 돌아올 일이다 무명보자기 겹겹이 쌓
인 색색의 눈물헝겊, 누이의 손끝에 매달린 그리움의 향기
마저 차가운 영혼의 가지 끝 그들의 방 속에 모아주고 우리
는 빈손으로 돌아올 일이다 미련 없이 혼자서 돌아올 일이
다 터벅터벅 혼자서 헤매일 일이다

# 눈

　요즈음은 잘 오시질 않습니다 가끔씩 세상의 더러움에 잔기침을 하면서 얼어붙은 손 우리나라 빛깔로 썩썩 비비면서 먼 데서 아주 먼 데서 오십니다 하늘에서 오시는 것이 아니라 어느 분 초록빛 가슴 안에서 영혼의 뜨거운 말씀 안에서 겨울의 쓸쓸한 뒷모습에서 다문다문 흩날리다가 사랑이 적은 까닭이라고 눈물이 마른 까닭이라고 우리 땅에 우리 힘으로 쌓입니다 가끔씩 건넛마을에 가 세상의 더러움에 가래침을 뱉으며 가난한 하늘나라 말씀 가루로 먼 데서 아주 먼 데서 맨발로 오십니다 신발마저 벗은 채 눈물로 오십니다 우리들 배고픈 영혼의 햅쌀로 오십니다

# 밭벼

은어 떼예요 은어 떼 황금빛 바다에서 텃밭으로 튀어 오
른 싱싱한 초록의 알토란, 팔뚝 걷어붙인 가을의 힘자랑 노
란 말씀으로 뜨거운 땀구슬로 주렁주렁 열렸어요 흙 위로
몰려나온 물들의 근육, 순백의 믿음, 사이좋게 어깨동무하
며 얼굴 비비고 있어요 흔들리고 있어요 지금껏 까불대던
바람의 질투심 여름내 간질이던 햇살의 영웅심 모두 그 안
에서 주눅들어 있어요 속이 빈 쭉정이 겉모양 좋은 헛껍질
만 나는 바보 나는 바보 눈물 흘리고 있어요 뻣뻣하게 선
채로 후회하고 있어요

# 눈과 같은 기도

그대의 말씀을 덮고 자게 하소서 떨어지는 별빛에서 홀로 가는 달빛까지 그대의 따뜻한 사랑에 깊게 잠들게 하소서 괴로운 상처, 슬픔의 눈물, 당신의 사랑의 힘 속에 모아 엮은 등불 속에 눈을 감고 편안히 잠이 들게 하소서 그대의 더운 입김에 꿈을 꾸게 하시고 겨울이 꽃으로 새벽이 바람으로 그대의 빛깔로 피어나게 하소서 모두 다 그대의 넓이를 알게 되게 하시고 당신의 하얀 꿈이 사랑인 줄 깨닫게, 어둠도 멀리 있는 사랑인 줄 깨닫게 모두들 그대의 깊이를 알게 되게 하소서 모두들 그대의 말씀을 덮고 자게 하소서

# 나그네 새

마침내 다 해진 신발 한 켤레로 사람들의 강 건너려 할 때 그대여 따뜻한 바람 한 줌 마지막 남은 깃털 한 줌 놓아주고 갑시다 포근한 사랑의 날갯짓으로 한 번 더 그의 손목 잡아줍시다 먼저 행복의 땅 평온의 땅 찾았다 해도 푸르른 하늘 푸르른 꿈 펼쳐들었다 해도 그대여, 우리는 한 철에만 머물다 가는 쓸쓸한 나그네 새 세월의 강가를 나는 주어가 아닌 접속사

그대여 우리가 보이지 않는 영혼의 땅, 영혼의 그늘 찾아 떠나려 할 때 날개에 남은 마지막 체온, 부리에 남은 마지막 울음 다 주고 갑시다 차가운 한 잔의 술 나누어 마십시다 추워하며 떨고 있는 꿈을 찾는 이들에게 잘 마른 나무둥지 말없이 내어주고 서둘러 떠나려는 사람들의 뒷모습까지 넉넉하게 넉넉하게 보아줍시다 끝까지 가냘픈 날개 흔들어 줍시다

# 보여주는 기쁨의 아름다운 때*

　너는 넝마주의 대장이다 뭐든지 몸 하나로 잘 소화한다
가냘픈 조명 불빛과 외박을 가끔 하고 배고픈 무대를 가솔
처럼 피붙이처럼 껴안고 잔다 그게 없으면 너는 없다 보여
주는 기쁨의 아름다운 때 덕지덕지 쌓여 있다 사랑스럽다
신께서도 이제 아시고 악수 청하러 오신다 손짓 하나로 사
람들의 인생을 눈빛 하나로 온 세상의 영혼을 몽땅 말아 먹
는다 체하지 않고 잘 먹는다 네 동작의 환상에 걸리면 모두
너의 밥, 네가 주무르는 대로 떡이 된다 그러나 우리가 진
짜 보여줘야 할 건 우리들 감추어둔 때 묻은 속고쟁이 하나
몽땅 보여주는 것, 가슴속 깊이 간직한 신들린 영혼의 춤사
위로 먼지뿐인 우리들 벌판에 한 채의 청정한 집 한 채, 말
씀의 오막살이 집 한 채 지어주는 것이다 거기까지 우린 같
이 가야 한다 밑바닥까지 같이 뒹굴어야 한다 우리가 외로
움의 기쁨을, 보여주는 뜨거운 영혼의 몸짓을, 데리고 끼니
를 겨우겨우 이어가는 것을 그분은 아신다 우리들 더러운
사타구니 하나 신나게 보여줌에 세상의 하늘 밑이 조금씩

---

* 이 시에는 모델이 있다. 연극을 하는 정한용에게 주었다.

환해지고 사람들의 가슴에 고여 있는 물이란 물들이 조금
씩 따뜻해지는 것을 그분은 아신다 어느 날 저녁 가난한 우
리들 식탁 위에 뜨거운 한 사발의 설설 끓는 행복을 내려주
신다 그때까지 우린 외로워야 한다 보여주는 기쁨의 아름
다운 때 더께 더께로 싸놓아야 한다

# 달팽이

급행이란 말보다는 완행이란 말이 내겐 좋다 들어와 뿌리를 내린다 빨갛게 물오른 단풍나무 잎사귀 뜨거운 여름 속을 천천히 아주 천천히 걸어온 까닭에 오래도록 제 생명의 빛깔로 타오른다 쉽게 변하지 않는다 무엇이든 이루고자 하는 사람들은 보폭을 좁게 가질 것, 천천히 걸을 것, 어떤 목적을 향해 어떤 열차를 타고 가더라고 완행으로 천천히 서두르지 말고 천천히 가야 할 것, 빗물 속 달팽이도 그렇게 가고 있다 개울물도 들여다보면 그렇게 가고 있다

# 가을 사랑

그대들도 보셨겠지요 문지방을 총총 걸어 내려와 처마 밑에 웅크려 떨고 있는 차가움 외로움 쓸쓸함 시기함 억울함들을 데리고 햇살의 강가로 가 더러워진 얼굴을 씻겨주고 있는 것을, 빈 주머니마다 따뜻한 음식을 담아주고 우리들이 덮고 자던 눅눅한 이부자리까지 보숭보숭 말려주고 오그라들었던 손들이, 움츠려들었던 어깨들마저 천천히 펴지고 있는 것을 그대들도 보셨겠지요 텅 빈 항아리마다 따뜻한 믿음들이 찰랑찰랑 넘쳐흐르고 세상의 추위들이 아아라이 멀어지고 눈물들이 설움들이 짐을 싸고 있는 것을 그대들도 보셨겠지요 가난한 이웃집에 편지가 배달되고 우리들의 빨갛게 익은 욕심의 흠집들이 조금씩 조금씩 아물고 있는 것을 그것이 사랑 사랑 사랑, 가을 사랑인 것을 되돌려 받지 않고 거저 주시는 사랑, 그 분의 으뜸 사랑인 것을

# 생명

아직, 어디서 바람 불어옴에 혼자 오는 햇살마다 빛너울 넘치고 혼들리는 잎새마다 물소리 들립니다

모든 것이 불어오는 쪽으로 손을 내밀고 불어가는 쪽으론 돌아서지만 떠나갈 사람들이 떠날 때를 알고 돌담 밑 들찔레 향기 수군대기에 낮은 지붕 밑으로 높은 하늘 걸리고 박하향 같은 아침이 상큼히 옵니다 그리움마저 눈물 밟고 돌아가기에 차가운 미움조차 녹아듭니다

아직 내게 남은 사랑, 네게로 가고 아직 내게 남은 편지, 그대 품에서 이름 모를 꽃이 되어 스러짐으로 물빛보다 깊은 상처 아물어 갑니다

아직, 어디선가 바람은 불고 풀잎들도 사람모양 가볍게 눕는데 아직도 누군가를 기다리는 것은 아직도 그대 이름을 불러보는 것은, 나눠줄 생명이 남아 있는 까닭, 아직 내게 뜨거운 피가 끓고 있는 까닭, 어디선가 작은 등불이 타는 까닭입니다 맑고 맑은 물들이 사랑 속으로 흘러가 흔적 없는 재가 되는 까닭입니다

# 흙빛

　물도 거기 가면 흙빛 개똥도 거기 가면 흙빛 썩지 않는
플라스틱, 한 잔의 시원한 조선맥주도 거기 가면 흙빛 모두
지나치지 못하고 결국에 만나는 빛깔 우리 아버지도 그리
로 가셨다 호박넝쿨의 빛깔 멍텅구리의 빛깔 물텀벙이의
빛깔 아롱사태의 빛깔 이념 서적의 빛깔 남북통일의 빛깔
모두 거기서 빙빙 돌고 있다 만나고 있다 아직 무엇이든 남
아 있는 것은 잠시 버티고 꽃 피우려는 힘, 다른 색깔을 빌
려다 숨쉬고 있는 힘, 가을은 가을의 힘, 사랑은 사랑의 힘,
얼음은 얼음의 힘 하지만 마침내 썩어 그곳에 이르면 모두
흙빛 벌똥도 흙빛 전자계산기도 흙빛 아리랑도 흙빛 거기
까지 가야 완전히 벗어난 빛깔 새로 태어날 수 있는 빛깔
이름까지 지워버린 빛깔 그래야 다시 꽃은 꽃으로 피고 물
은 물로 거듭 태어났다 모두 지나치지 못하고 결국 가야 할
빛깔 우리 어머니도 지금 거기 사신다 하나님 부처님 두 분
도 거기 사신다

# 북치는 아이

    사람이 늙는 것은 북치는 아이가 있기 때문, 애호박이 익고 낮은 굴뚝마다 연기가 나고 바퀴가 굴러가고 저마다의 가슴 속에 근심이 느는 것도 강물이 쉬지 않고 제 낮은 소리로 깊어가는 것도 북치는 아이가 있기 때문 커다란 태양을 두드리는 회중시계를 뒷주머니에 감추고 북을 치는 아이가 있기 때문, 듣지 못하고 사는 영혼아 영혼들아 오늘은 귀 열어놓고 한번쯤 들어보렴 곳곳에 숨어 있는 북소리 좀 들어보렴

# 늙은 사과나무

그가 낡은 목선을 타고 먼 바다까지 가서 언제나 빈 그물을 걷어 올리면서도 오히려 깊게 웃으며 기쁘게 돌아오는 것은 무슨 이유일까 지난 겨울, 가시 돋친 얼음들이 살갗을 찢을 듯이 달려들 때도 그는 알몸을 내보이며 웃고 있었다 그의 울퉁불퉁 불거져 나온 팔뚝, 그 인내의 문신이 그걸 말하고 있다 올 여름도 그는 태양으로부터 받은 수천 수만의 뜨거운 은침 세례 속에서도 즐겁게 웃고 있었다 하지만 나는 알지 못했어라 그 웃음의 깊이를, 그의 터질 듯 참고 있던 신음소리가 줄기 끝에 모여 꽃이 되고 찢어진 그 중심부의 가장 단단한 섬유질의 허허로운 미소 하나가 비로소 달디단 뼈로 달린다는 것을 그것도 부끄러워 불그스레한 물렁뼈로 달린다는 것을 비로소 발견하게 되었을 때, 나는 아무 말도 하지 못했다 부끄러워 아무 말도 하지 못했다

# 별

　말쑥한 옷을 입고 외출하는 날은 어딘가 불편하다 난 본디 벗고 사는 사람, 깜깜한 하늘에 셋방살이하는 나이 꽉 찬 떠꺼머리 총각, 맑은 밤에만 출근해 기계를 돌리는 고독한 일용근로자 선술집에 앉아 세상 떠도는 이야기에 막걸리 한 잔 걸치다 조금 늦게 나타나기라도 하면 지상은 요란하다 어둠으로 요란하다

# 밤꽃이 자꾸만 피었습니다

마을 어귀 밤낮으로 서서 있기만 하는(사실 그는 치질이 심해 앉아 있지를 못한다) 밤나무 한 그루 오가며 한동안 눈인사를 했더니 어느새 내 가슴에도 밤꽃이 슬쩍 피었습니다 며칠 전 막걸리를 마시고 폭 파진 그의 물기 있는 옹이 속에 따뜻한 거름 한 줄기 실례했더니 글쎄 뿌리까지 빨개지며 이제 막 달린 밤송이를 몽땅 내던지는 바람에 요리조리 피하느라 혼이 났지만 아무튼 내 마음의 텅 빈 어귀에도 부끄럽게도 밤꽃이 추저분하게 피었습니다 어제는 내게 찾아온 술친구를 먼저 알아보고는 초록색 햇살 묻은 이파리를 어린아이처럼 흔들며 반가워하더니 그들이 뒷등을 보이며 돌아갈 때는 섭섭한지 솨, 솨 바람장군을 보내며 전송하기도 했습니다 그는 내 영혼의 은밀한 곳간에 빈 쭉정이 허섭스레기 개털벙거지나 모아두고 있는 것을 알고 있다는 듯이 언제나 솔직하게 익어가는 제 알몸의 깊은 상처를 툭툭 속까지 자신 있게 꺼내 보이기도 하고 제 가지 끝에 벙글어 열리는 진솔한 말씀들을 단단한 껍질 속에 갈무리해두는 법을 내게 말없이 가르쳐주기도 했습니다 매일 턱 밑에 돋는 염소 수염이나 깎고, 향기 좋은 화장품이나 찍어

바르고 사는 나는 알맹이가 없어 깡통소리만 요란한 나는
너무도 부끄러워 밤꽃이 자꾸만 피었습니다 눈인사를 할
때마다 부끄럽사오나 밤꽃만 자꾸자꾸 피었습니다

# 가을

언제나 그에게선 말똥 냄새가 난다 말똥 냄새, 이 말의
어딘가엔 꺼칠한 수염이 밤송이처럼 돋은 떠돌이 하나가
쓰러져 있다 이제 막 돌아온 다 해진 운동화 한 짝이 있다
마른기침을 싣고 다니는 녹슨 자전거가 있고 골목마다 쌓
여 있는 차가움을 쓸다 만 낡은 몽당 빗자루 하나도 그곳에
버려져 있다 그의 옷소매는 한쪽이 약간 짧아져 있지만 반
들거리지 않는다 주머니 속엔 식지 않은 따뜻한 군밤 몇 개
누굴 기다리며 아직 남아 있고 그의 뒷모습을 가볍게 문지
르면 저녁노을이 빨갛게 묻어난다 건드리면 툭툭 슬픈 이
별이 낙엽처럼 떨어진다

가을, 이 외로움이 숭숭숭 돋는 말의 한쪽 귀퉁이엔 활활
타오르는 장작불이 있다 차가운 남자 하나가 버려져 있다
건초더미 창고 안에서 비에 젖은 가슴을 꺼내 말리는, 쉽게
무너지지 않는 깡마른 술병 하나가 쓰러져 있다 그의 그림
자가 뜨거움 쪽으로 펄럭일 때마다 불꽃은 기우뚱 추위 쪽
으로 달려간다

그에겐, 무르익어가는 그에겐 눅눅한 젖은 풀빵 냄새가
난다 곳곳에 이 냄새가 배어 있다 이 냄새가 없는 곳은 수

상하다 그 속엔 서리 맞은 편지를 꺼내 말리는 한 고독한
짐승의 이별이 숨어 있다 한 줄기 슬픈 떠돌이 바람이 밤새
사람들 사이를 지나가고 있다

# 어머니

손발 깨끗이 닦고 무릎 꿇고 앉으라고 하실 것이다 금실
은실 수놓은 이불 속에서 한 사날은 편안하게 쉬게 해주고
외상으로 금때깔 은때깔 지어입고서 요란하게 명함 찍어
돌린 일하며 주막에서 외박하고 다닌 일하며 무더기로 한
꺼번에 혼날 것이다 평생 쌓았다는 고방의 알곡, 우리끼리
차려먹은 푸짐한 젯밥, 한 움큼씩 머리칼이 뽑아지면서 모
두 다 지독하게 혼날 것이다 그러시다 문득 뒤돌아 앉아 낡
은 시집 몇 권인가 세어보시고 앙상한 손목으로 잡아주실
까 돌아앉아 영혼의 눈물 흘려주실까 이 짓만은 잘 했다고
칭찬해주실까

# 시법詩法 · 1

## − 삯바느질

호롱불 밑에서 밤새도록 기우고 있는 걸 찔레꽃 같은 아내는 안쓰러워합니다 밤새 기워봐야 엽전 몇 푼 안 되는 것을 어떨 때는 잘 기워지지 않는다고 술값을 배 이상이나 허비하면서 끙끙거리는 걸 보고 괜한 투정을 부리기도 합니다만 그게 또 그렇지 않습니다 며칠 동안 밤새워 곱게 기운 내 뜨락의 남루한 말씀의 옷 한 벌 한 뜸 한 뜸 올올이 박힌 내 영혼의 색실들이 살아 반짝반짝 움직일 때 댕기며 고름이며 앞품이 서로 잘 맞아 햇것의 신선함으로 넘쳐흐를 때 외로웠던 기쁨에 별빛도 몰려와 진탕 놉니다 세상의 소리란 소리들이 모두 몰려와 기뻐합니다 밤새 기운 내 남루한 시詩의 옷 한 벌 평생 기워도 힘들지 않습니다 바느질삯 몇 푼이 문제가 아닙니다

# 시법 · 2
## — 돌아와주오 마누라여

정말 이젠 끝장이다 기어코 집을 나간 모양이다 과민성 대장중세인가 설사약을 아침 저녁 두 번씩 그것을 먹어도 통과, 통과다 이마에 붉은 부적을 붙여보기도 하고 참외도 개똥참외로만 골라서 먹고 햇볕도 가장 뜨거울 때 쫴보기도 했지만 돌아오지 않는다 내가 잘못했소 마누라, 어서 돌아와 주오 그렇게 더덕더덕 밤마다 달라붙던 상상력의 끈끈이, 더듬더듬 벗기던 낱말의 껍질, 낄낄거리며 들여다보던 언어의 알몸, 내가 너무 소갈머리 없이 가볍게 대했나 어젠 하도 쓸쓸해 강원도 화문석을 마당에 펴놓고 조선부채를 흔들며 대청에 앉아 마누라, 마누라, 창으로 불러보고 안방 문 활짝 열고 마누라, 마누라, 마누라, 이름을 열댓 번씩 어둔 하늘에 써보기도 했지만 오지를 않는다 맹탕이다 기氣가 없다 딴 살림 차려 떠난 게 틀림없다 날아가던 개똥벌레 한 마리 말씀하시길, 가두어 두고 떡이 되어라 옷을 벗어라 주문을 외워도 억지로 눕히고 겁탈을 해도 가두어 두면 한 평생 안 올 겁니다 반찬이 좋아도 갑갑해서 안 올 겁니다 독수공방 싫어서도 안 올 겁니다 따뜻한 이불 속에서

데리고 노십쇼 나긋나긋 초월의 냄새 맡아보시고 한참 동
안 껴안고 놀아주십쇼 그래야 한 꺼풀씩 벗겨집니다 향기
있고 무게 있는 시詩가 됩니다 미련하게 서두르면 설사합
니다 엉뚱한 곳에 멋쩍게 오줌만 쌉니다

# 시법 · 3
### - 화초장 한 벌

야단났습니다 요새 날 새는 줄 모르고 만들고 있는 화초
장이 미닫이나 여닫이가 산문식이라고 고만고만한데 괜찮
겠냐고 야단입니다 원래 제 화초장은 화려한 속치마나 넣
기 위해 유행에 턱턱 따르는 겉모양 좋은 고함소리나 넣기
위해 짜맞추는 것이 아니라 깨끗한 양심의 거적대기나 빛
나는 말씀의 조각으로 덧댄 깊고 넓은 화초장 한 벌, 거기
다 따뜻한 우리나라 솜이불 한 채, 넣는 김에 깨어 있는 풀
잎 하나, 목소리 나긋나긋한 촌색시 하나, 평화 한 조각, 사
랑 한 움큼, 진리 한 숟갈, 지상에서는 도저히 보기 어려운
것들은 어렵사리 구해다 같이 넣어봤습니다만 물건 볼 줄
모르시더군요 제 화초장은 느껴야 합니다 더러운 세상 발
바닥 깨끗이 씻고 뒤돌아 앉아 찔끔찔끔 울어야 합니다 눈
물 없는 사람에겐 맹탕입니다 그런 깨끗한 옻칠을 밤새 해
놓습니다만 걱정입니다 글쎄 그게 영 쉽지 않습니다 땀만
뻘뻘 흘렸지 제대로 되질 않습니다

# 시법 · 4

## － 도둑질

신바람 납니다 문지기도 없고 붕어 자물통도 채워놓지 않았습니다 그냥 훔쳐 내오기만 하면 됩니다 그의 눅눅한 사타구니 냄새 맡기, 사상의 달콤한 뿡알 터뜨리기, 두드러기 난 영혼의 상처 껍질 떼내기, 주인도 없습니다 말씀의 보석 훔쳐 쓰기만 하면 됩니다 큰 물건은 싫습니다 작고 여릿여릿한 것, 등 푸른 생선 한 마리, 초록빛 시금치 한 묶음, 밤새 구워먹기도 하고 데쳐 먹기도 합니다 은밀한 부분은 나긋나긋 껴안고 주무르기도 합니다 바람 든 소리 부황기 든 말씀들은 놓아둡니다 사용하지 않습니다 퍽퍽한 우리들의 가슴앓이 언덕에 물기를 퍼붓는 작업, 그런 출렁이는 아름다움만 훔쳐 내오고 있습니다 죄가 되질 않습니다 오히려 잘한다 잘한다 칭찬하십니다 와르르 와르르 손뼉 치며 칭찬하십니다

# 2부

바늘구멍 앞의 낙타

# 가로등

나는,
한 마리 외로운 야광 오징어, 어둠 속을 헤엄쳐
바다로 가고 싶다

# 조롱받는 20세기

　이제 막 말을 배우기 시작한 나의 조카, 시인 원희석이 써놓은 시의 제목 '20세기'를 "이씹새끼"라고 읽는다 내가 자꾸 "이/씹/세/기"라고 또박또박 읽어 줘도 "이/씹/새/끼" 하며 귀여운 목소리로 앵무새처럼 읽는다 아무래도 세상에 물들고 싶지 않은 영리한 조카는 '이십세기'를 '이씹새끼' 라 부르고 싶은 모양이다 그래서 나는 불안과 기대, 인류 멸망의 예감, 아프리카 피억압 인민의 해방과 독립이 필요한, 서양 문화의 발전에 희생당하는 아시아 제 민족의 투쟁이 필요한 '20세기'라고 천천히 설명해주자 어린 조카는 까만 눈동자 속에는 혁명 전사가 되겠다는 의지의 문물인지 삼촌이 사주는 불량식품은 먹지 말아야겠다는 결심의 눈물인지 조카의 눈동자 속에 거룩한 '20세기'가 반짝반짝 빛난다

　자, 이제 천천히 한 번 더 따라해 보렴
　"……조/롱/받/는/……이/십/세/기……"
　조카는 나를 한참 쏘아보다 울먹이는 목소리로
　…………

"조통가튼 이씹새끼"

뭐? 나는 깜짝 놀라

"조통가튼"이라니?

"좃통가튼"이 아니라

"조/롱/받/는"이라니까, 하며 눈을 부릅뜨자

…………

"……이씹새끼" 하며

쪼르르 옆방으로 도망을 간다

20세기 짊어지고 21세기로 나아갈 위대한 조카가

안방 떠나 옆방으로 도망을 간다

# 쥐똥나무

나는 쥐똥나무가 되지 않을 것이다 쥐똥나무 굵은 가지
보다 한 뼘 위에 머무는 새벽 바람이 되지 나는 절대 쥐똥
나무는 되지 않을 것이다 하지만 겨울 깊어 기어코 쥐똥나
무 되라 하면 기름진 땅에서 자라는 쥐똥나무는 되지 않을
것이다 목에 걸린 짭짤한 쇠사슬이나 핥고 있는 개밥그릇
은 되지 않을 것이다 어둠의 핏줄 날쌔게 베고 다니는 면도
칼이 되지 모난 것 깡그리 뽑아 없애는 장도리가 되지 절대
로 화장실에 멍청히 걸려 있는 맹꽁이자물통은 되지 않을
것이다

나는 쥐똥나무가 되지 않을 것이다 쥐똥 같은 껍질 깨끗
이 벗고 칠흑의 복판 향해 날아가 꽂히는 쥐똥나무 화살이
되지 박혀서 썩고 썩는 쇠못이 되지 남북을 이어주는 쥐똥
나무 다리로 사슬과 철망 깨끗이 녹이는 용광로가 되지 절
대로 절대로 화장실에 쭈그려 앉아 있는 쥐똥 같은 똥 막대
기는 되지 않을 것이다

나는 송곳이 되고 바늘이 되고 가난한 이웃의 숟가락이

되고 의로운 이들의 횃불이 되어 드디어는 자갈밭 갈아엎
는 삽자루가 되지 절대로 멍청히 서 있다 부러지는 쥐똥나
무 이쑤시개는 되지 않을 것이다 군용 도끼에 찍혀 죽더라
도 쥐똥만 한 구름으로 우리 하늘 지키다 쥐똥 벼락으로 다
시 올 것이지 어떤 쥐똥나무들의 거름되기 위해 알몸의 쥐
똥나무로 부활할 것이지 절대로 절대로 멍청히 있다 터져
버리는 쥐똥만 한 비누거품은 되지 않을 것이다

# 지구가 둥글어도 눈물만 둥글다

신문 지면은 모두 평면이다 북한산도 북한산崖 모시조개도 대동강물도 임진강물도 쭈쭈바도 대머리새우도 노가리도 평면이다 팀스피리트 작전도 미사일도 주한 미대사 콧털도 코끼리 밥통도 닭발과 청동 십자가와 갑옷과 통조림과 평양냉면 남원냄비 가다랭이 가랑이와 넙치 눈깔과 무등수박 무등양말 푸줏간 주인 앞치마도 평면, 빵과 땀과 자유와 횃불도 모두 평면인데 어머니의 눈물은 이슬처럼 둥글다 볏짚에서 떨어지는 눈물, 수정처럼 둥글다

# 남쪽나라 냉장고

어둔 밤 남쪽나라 냉장고 열어 보면 생선이 모두 얼어 있습니다 감자도 썩어 있습니다 허파꽈리 속의 희망 한 줌 빗장뼈 속의 설움 한 근 모두 꽝꽝 얼어 있습니다 누가 풀어 주기만 기다리며 서리맞은 호박처럼 귀퉁이에 쭈그리고 앉아 꽝꽝 얼어 있습니다

강이 풀리지 않는다고 꽃이 피지 않는 것은 아니었습니다 겨울 문 열리지 않아도 매화아씨 버들아씨 힘차게 힘차게 물 건너 왔습니다 산바람 들바람도 검정 고무신 벗어들고 굳세게 굳세게 찾아서 왔습니다

어둔 밤 남쪽나라 냉장고 열어 보면 입술이 모두 새파랗게 얼어 있습니다 머리 꺾인 콩나물 허리 묶인 시금치 아가미 잘린 고등어 추위에 질려 하얗게 떨고 있습니다 발도 꽁꽁 입도 꽁꽁 손도 꽁꽁 얼음 밧줄 서리 재갈 물려 있습니다

# 대장장이의 노래

　물과 물이 만나 쇠가 되는 것 소리치는 연장이 되는 것 보았습니다 물로 만든 쇠스랑 물로 만든 시우쇠 땀과 뼈 깎아 세운 우리들의 가랫날 든든한 글발의 무기 승천하는 것 화살 되는 것 보았습니다

　물과 물이 뜨거워져 삽이 되고 땀과 땀이 얽혀서 창이 되는 것 땅 갈아엎는 것 들판으로 언덕길로 달려가는 것 보았습니다

　풀과 풀이 만나 개울 이루고 개울과 개울이 만나 손뼉 치며 바람 되는 것 구름 되는 것 물과 물이 얼싸안고 초록의 빛으로 날아가는 것 내 땅에 내 손으로 씨 뿌려 풀잎의 나라 만들자는 물들의, 쇠들의, 소리 소리 소리 망치 소리 풀무 소리 천둥 소리 가득 넘쳐 동에서 서로 북에서 대륙으로 힘차게 힘차게 달려 나가는 것 보았습니다

　꽃과 꽃들이 어울려 벼락 만들고 길과 길들이 손잡고 노래 부르는 것 쑥부쟁이 손짓부터 청솔가지 주먹까지 뜨겁게 뜨겁게 쇳물처럼 흘러가는 것 시커먼 어둠 집어삼키는 것 보았습니다

　별들이 내려와 춤추고 해와 달이 달려와 푸른 함성으

로 빛나는 함성으로 하늘의 별처럼 알알이 박히는 것, 돌아오지 않는 물빛의 이름과 돌아오지 않는 꽃빛의 이름 부르며 흔들리지 않고 흔들리지 않고 앞서가는 것 얼어붙은 흙더미 갈아엎는 것 보았습니다 내 눈으로 내 눈으로 보았습니다 틀림없이 두 눈 뜨고 보았습니다

# 소련의 노동자들도 기계를 돌린다

소련의 노동자들도 머리에 수건 쓰고 즉석 음악회를 연다 싱싱한 야채와 상어알젓 소시지 달라며 노래를 부른다

소련에도 아파트가 있다 붉은 벽돌로 지은 신흥개발의 아파트엔 중앙 간부가 살고 소련의 노동자들은 고장 난 소련의 바퀴를 밤낮으로 돌린다

소련에도 장작이 있다 잘 마른 장작이 있다 소련의 어둠을 붉게 밝힌다 소련 장작도 제 몸을 태워 소련 하늘의 기름이 된다

소련에도 기생충이 있다 푸른 이끼 같은 기생충들이 중앙의 간부와 맞붙어 알몸 목욕할 때 소련의 노동자들은 얼음 목욕을 한다 해마 클럽 회원들은 모스크바 겨울 강에 뛰어들어 영하 10도의 결빙된 강으로 불붙이고 뛰어든다 영하 10도의 결빙된 강으로 불붙이고 뛰어들어 불꽃 목욕을 한다 검은 빵 한 조각 달라고 외치며 우랄산맥 꼭대기에서 눈물 목욕을 한다

푹신한 침대

삶은 감자

고등어 통조림

콩팥 수프
신선한 토마토와 오이
그리고 호박잼을 발라 튀긴 치즈 케이크
그루지아산 포도주나 아르메니아산 코냑
향기로운 보드카를 나누어 먹자며

소련의 노동자들도 기계를 돌린다 한가로이 공원 벤치에
앉아 두꺼운 책을 읽고 있는 안경들을 비웃으며 아무리 어
둠 짙어도 기계를 돌린다 온몸으로 온몸으로 밀어 돌린다
겨울에도 기계처럼 겨울을 돌린다

# 청년 윤봉길

파고다공원에 갔었네 늙은 옥수수들이 도시락 대신 나이를 까먹고 있었네 작업복을 입은 청년 윤봉길도 거기 있었네 도시락을 옆에 끼고 기름 묻은 운동화 끈을 매고 있었네 떠내려 가는 밥그릇을 건져 올리려고 신문 구석구석을 뒤지고 있었네 조선 기와 틈새로 비둘기는 날고 아침부터 저녁까지 청년 윤봉길이 구름을 만지고 있었네

독립문 공원에 갔었네 지하철 대신 설움을 타고 갔었네 앞에선 국화꽃이 낄낄거리고 뒤에선 코카콜라가 이죽거렸네 도시락 폭탄을 던지려는 청년 윤봉길이 거기 있었네 만나지 못하는 바람과 바람이 화강암 사이로 들락거리고 구름과 구름 사이로 무궁화 꽃이 뚝뚝 떨어지고 있었네 좌로 갈까 우로 갈까 정신없는 깡통맥주들을 붙잡고 삶은 계란을 사달라는 하얀 윤봉길이 거기 있었네 하얀 소금을 건네주며 머리를 조아리는 슬프도록 용기 없는 청년 윤봉길이 거기 있었네

# 겨울공

겨울공은 화살보다 더 깊게 박힌다 둥글어서 어디든 날아가 박힌다 바위라면 정이 되어 날아가 부수고 쇳덩이라면 불이 되어 찾아가 녹인다 더운 피 남김없이 말라버려서 오직 살갗 하나로 남아 있지만 어둠의 심장 향해 통째 날아가 역사의 빈틈에 정확히 박힌다

겨울공은 가둘수록 더 높이 뛴다 어두우면 어두울수록 더 높이 뛰어 얼어붙은 겨울 밀치고 나간다 어둠이 사정없이 눌러대는 땅 사슬이 그물처럼 감겨진 이 땅 뼈는 바스라져 살갗뿐이라도 때리면 때릴수록 때리는 자 향해 힘찬 몸짓으로 뛰어 오른다

날아가 박힌 것은 돌아오지 않지만 살아 있는 것보다 귀하고 귀하다 죽었기에 사느니보다 귀하고 귀해 겨울공은 찬란한 꿈으로 산다 언덕 위로 바위 위로 하얗게 피어 하늘보다 높은 곳에서 꽃으로 핀다 얼어붙은 땅이라면 더 높이 뛰어 별이 되고 얼이 되어 가슴에 산다

# 우리가 지금은 반달일지라도

— 88년을 보내며

우리가 지금은 반달일지라도 어둠 깊을수록 둥근 보름달 된다는 사실 개똥지빠귀는 안다 이 땅을 금빛으로 날아가는 돌멩이들은 안다 겨울 산소 깊이 들이마실수록 밝은 쪽으로 둥글어지는 빛의 덩어리인 우리가 88년의 뒤통수에다 새벽별은 뜨지 않았다고 겨울은 끝내 물러가지 않았다고 불만의 가래침 뱉고 있는 것 무명옷들은 안다 타작을 기다리는 도리깨들은 안다

가벼운 것들이, 먼지처럼 가벼운 것들이 깡통처럼 흔들어 대던 운동회와 핵무기에 벌벌 떠는 산과 강의 콩팥과 심장 위로 당당하게 떠오르는 우리가 지금은 반달일지라도 가난한 이웃들의 눈물 키로 자라는 것 사금파리들은 안다 깨끗이 이 땅을 지켜보는 푸른 숲은 안다

하지만 우리는 멈춰 있으면 안 된다 말고기 씹으며 달라붙는 카우보이 채찍 빼앗아 허리 짓밟는 군화의 능선을 넘어 대동강물 끌어안고 만주벌판 거머잡아 길림성에서 시베

리아 벌판까지 우리나라 숲 우리 힘으로 이룰 때 진달래 꽃
잎 같은 눈물 툭툭 털고 세계의 복판 향해 대화살처럼 날아
가 우리나라 깃발 우리 힘으로 꽂을 때라는 것 개비름 쇠비
름은 안다 활활 타오르는 통나무들은 안다

　우리는 안다 빛이 아닌 것들은 모두 스러지고 소금이 아
닌 것들은 녹아 없어져 순은의 덩어리 덩어리들만 어울려
사는 날이 기어코 오리라는 것 검정고무신도 묶여 있는 지
푸라기도 안다 지금은 우리가 반달일지라도 어둠 짙어질수
록 둥근 보름달로 떠오른다는 사실 작디작은 개벼룩꽃도
서러워 잠 못 자는 하얀 뼈도 안다 밖은 아직 어둠뿐일지라
도 외치며 날아가는 돌멩이에게는 날개가 달렸다는 사실
먹을 물고 돌아오는 개똥지빠귀의 부리는 훨씬 더 힘차다
는 사실 우리는 안다 마지막 남은 숨결 찢겨나가도 빛날 것
은 어둠 속에서 더욱 빛난다는 것 어둠 안에 있는 우리는
안다 보름달로 떠오를 우리는 너무도 잘 안다 지금은 우리
가 반달일지라도

# 모래의 춤

된서리 때리자 지푸라기는 속뼈까지 얼어붙었다 쇠스랑 입과 입 사이 얼음재갈 물리고 씨 뿌리는 기계 손은 묶여 버렸다 다시 된바람 불고 귀가 얼었다 모래들이 오슬오슬 떨고 있다가 달빛에 춤추며 일어서고 있었다 썩은 바람 달려들어 목을 조여도 별이 될 모래들은 흩어지지 않았다 모래가 모래를 껴안고 있었다 모래가 모래 옷을 벗기고 있었다 뱀처럼 모래들이 허물 벗으며 은빛 금빛 황금알 낳고 있었다 또다시 된 어둠 무겁게 내렸다 드디어 모래들이 날아올랐다 화살처럼 골짜기로 날아올랐다 칼인 듯 꽃인 듯한 덩이 되어 천층 만층 날아가 덮고 있었다 천파만파 날아가 꽂히고 있었다 싸리창에 가슴 찔린 곶감영감도 하얗게 분粉 토하며 날을 세우고 얼음장 밑 풀씨까지 꿈틀거리자 검은 눈 맥없이 녹아 내렸다 장군 고드름 힘없이 뚝 떨어졌다 추녀 끝 마른 시래기 부스럭거리자 어디선가 봄나물 향기 상큼 날았다

# 겨울 공사판

넓적한 머리뿐인 망치 하나가 새벽부터 나와서 들이박고 있다 얼룩무늬 칠해진 단단한 벽을 눈에 불꽃 튀기며 깨부수지만 별표 시멘트는 단단한 제품 칼표 철근과는 평생의 동지 사이좋게 맞붙어 무너지지 않자 어서 빨리 무너져라 불 지르는 곡괭이 어서 빨리 잘라져라 몸 던지는 해머 모두 힘 합쳐 밀어붙이니 얼씨구나 깜깜나라 껌껌장벽 무너지는 구나 절씨구나 엿가락처럼 힘없이 쓰러지는구나 기둥 밑 마루 밑 뒤집어 보니 불어터진 지렁이 팔뚝만 한 거머리 팅팅 살 오른 돈벌레들이 사방팔방 나 살려라 도망치다가 토막토막 일꾼 삽날에 잘려지고 있다 무더기 무더기로 잘려지고 있다 벌벌 떨며 살려달라 엎드린 놈들 흙 묻는 신발들이 짓이기고 있다 장작불도 고소한지 붉은 혀 날름대며 춤추고 있다

# 코끼리 밥통

코끼리처럼 크지 않은 코끼리 밥통 돼지감자도 쪄먹을
수 있고 설익은 가정주부 머리통도 가볍게 찜쪄 먹을 수 있
는 코끼리 밥통 우리 집 부엌을 비웃는 밥통 삼성전자 밥통
을 째려보는 밥통 대우전자 밥통을 죽이려는 밥통 통일벼
를 숨 못 쉬게 가두는 밥통 밥통 같은 여자들이 너무 좋아
해 큰일 난 밥통 조선 처녀 도라지꽃으로 끌고 간 밥통 내
가 아는 여자를 술집에 팔아넘긴 밥통 가수시켜 준다고 해
놓고 다다미 위에서 먹어버린 밥통 그러고도 뻔뻔스럽게
뚝배기 앞에 서 있는 밥통 된장찌개 옆에 서 있는 밥통 텅
빈 여자 젖통 안에 뼈젓이 들어가 있는 밥통 내가 도끼로
꽝꽝 때려 부수고 싶은 밥통 피가 나도록 때려 부수다 더
못 참아 쇠톱으로 토막토막 토막 살인해서 시궁창에 던져
버리고 싶은 밥통 지옥 유황불에 던져 버리고 싶은 밥통 죽
이고 죽이고 죽이다 내가 먼저 죽어도 다시 태어나 통째로
녹여 대장간 모루로 만들어 버리고 싶은 밥통 똥 묻은 해머
로 꽝꽝 찌부러뜨려 꽁치통조림 깡통처럼 만들어버리고 싶
은, 코끼리처럼 크지 않은 망할 놈의 코끼리 밥통

# 철공소 앞에서

쇠가 쇠를 죽이고 있었다 호미 될 철판이 철모자 되고 펜촉 될 철근은 총알이 되어 다시는 하늘을 볼 수 없었다 힘없는 고철들은 공포에 싸여 이리 치면 저리 가서 피멍이 들고 저리 치면 이리 뒹굴 병신이 돼도 도끼는 여전히 누워 있었다 핏줄은 찢어져 철망이 되고 살덩이는 갈라져 눈물이 되고 자갈밭 갈아엎을 젊은 삽들은 화려한 뒷골목의 어깨가 되고 어둠을 찔러야 될 날선 창들은 전당포 금고 열쇠로 변해만 갔다 아무리 무어라 말하지 않았다 아무도 무어라 탓하지 않았다 채찍이 날름대면 쇠는 녹았고 깡통은 두들길수록 납작해졌다 소리치던 강철 바퀴는 옆으로 누워 붉은 버짐만 털고 있었고 쇠가 쇠를 때려 병신 만들고 쇠가 쇠를 죽여 왕관을 써도 종은 여전히 울리지 않았다 쇠의 골 쇠의 눈 몽땅 빼가도 닭은 여전히 알을 낳았고 장다리꽃은 여전히 활짝 피었다 누구도 무어라 말하지 않았다

# 어릿광대

　노래 불러야 하리 막이 열리면 뛰어나가 재주넘어야 하리 곰이 물구나무서다 문이 되고 문이 공중돌기하다 곰이 되기도 하는 삐걱이는 무대 위에서 오색의 풍선 좇아 빙빙 돌아야 하리 관객이 빙빙 돌지 않으니 내가 돌아야 하리 돌고 돌다 보면 꽃이 깃발이 되고 깃발이 비둘기가 되는 어지러움 속에서 별사탕 같은 눈물 흘려야 하리 별이 밝게 뜰수록 어둠은 짙어지고 관객들은 투명한 동전을 가래침 뱉듯이 내게 던지리 독 묻은 화살을 내게 보내리 던져진 박수와 떨어진 동전 사이를 밟고 서서 나는 박하향 같은 노래 부르리 노래가 집이 되고 노래가 강이 되어 노래가 하늘로 올라갈 때까지, 옷을 벗고 구름 위에서 입술을 작게 오무려 휘파람을 불어야 하리 비눗방울처럼 가벼운 동작으로 막이 내릴 때까지 엉덩방아를 찧어야 하리 무대 위에서 쓰러질 때까지 빙빙 돌아야 하리 관객이 빙빙 돌지 않으니 나라도 빙빙 돌아야 하리

# 아버지를 찾습니다

앵두밭에 잠깐 갔다 오신다더니 이제껏 오시질 않습니다 기다림의 강물, 바닥이 보이게 퍼내도 깨끗한 반도이불 오실 길에 펴놓아도 찔레넝쿨에 엉키셨나 오시질 않습니다 답답하고 답답하여 비나이다 비나이다 천지신명께 빌어보고 주먹을 움켜쥐고 삿대질도 해보지만 안타까운 헛세월만 강물처럼 흐릅니다 무슨 술에 취해서 이렇게 못 오실까 어느 말뚝 깊이 박혀 이렇게 안 오실까 노자가 떨어져서 오시질 못하실까 달구경 꽃구경에 넋이 빠져버렸을까 이제 그만 오시지요 어머님이 하얗습니다 바람도 서러운지 서로 끌어안습니다 어서 빨리 돌아오셔 좋아하시는 통일약주 주거니 받거니 비우시며 어우렁더우렁 덩실덩실 어깨춤 한판 맘껏 추게 이제 그만 오시지요 어서 돌아오시지요 아랫목 구들장이 쩔쩔 울며 끓습니다 38따라지 흘린 눈물 마흔 독이 넘습니다

# 삼천리연탄

　어머님 눈물 흘리시게 만드는 삼천리연탄 까만 몸 설설설 태워 아버지 그렇게 만드는 삼천리연탄 타고 남은 재는 삼천리에 남아 삼천리 하늘 기름 되는 삼천리연탄 아직은 삼천리가 아니지 암, 아니고 말고 하시며 새것으로 갈아야 한다던 삼천리연탄 햄버거가 뜯어먹는 삼천리연탄 일장기가 펄럭이는 삼천리연탄 독립문이 휘청대는 삼천리연탄 삼천리 금수강산 맞붙어 있어도 갈 수 없어 38구멍 뚫린 삼천리연탄

　꺼지면 큰일 나는 삼천리연탄 막아버리면 죽어버리는 삼천리연탄 막아버리면 끝장나는 삼천리연탄 떨어지면 깨져버리는 삼천리연탄 떨어지면 두 개 되는 삼천리연탄 맞붙어야 활활 타는 삼천리연탄 새 바람, 새 아궁이, 새 굴뚝 맞이해 활활 타올라야 할 삼천리연탄 남풍 북풍 구분 없이 끌어안아야 아랫목에서 윗목까지 골고루 뜨거워 꽃 피고 열매 맺는 삼천리연탄

　가슴마다 붉은 횃불 가지고 있어야 굵은 사슬 끊어버리

는 삼천리연탄 밟힌 어깨 밀쳐버리는 삼천리연탄 철조망까
지 녹여버리는 삼천리연탄 손과 손 마주잡고 얼싸안고서
어화둥둥 춤추게 될 삼천리연탄 헤어진 피 갈라선 피 만나
게 되어 온 방안 쩔쩔 끓을 삼천리연탄 천 년 만 년 꺼지지
않을 삼천리연탄 지화자 좋을시고 삼천리연탄 남남북녀 하
나가 될 삼천리연탄

# 낙타의 길

이곳과 저곳에 낙타가 지나간다 저곳과 이곳에 바늘이 있고 이곳은 저곳보다 높다 모래바람은 이곳과 저곳에 같이 불고 이곳은 저곳보다 뜨겁다 이곳은 불안하고 저곳은 더욱 불안하다 불안한 높이의 불안한 저곳에 쌍봉낙타가 불안하고 불안한 이곳에는 단봉낙타가 불안하다 귀가 하나뿐인 바늘코 속으로 코가 하나뿐인 바늘귀 속으로 낙타 두 마리가 지나간다 이곳은 좁고 저곳은 더욱 좁다 이곳은 저곳을 위해 좁고 저곳은 이곳을 위해 좁다 그곳은 이곳을 위해 저곳으로 썩고 있다 냄새는 다르지만 썩고 있다 저곳과 이곳은 모두 그곳으로 가며 낙타는 내일도 모래와 싸운다 모래바람과 싸운다 바늘은 여전히 귀가 하나고 바늘은 여전히 눈이 하나며 바늘은 여전히 길이 하나지만 낙타는 간다 불안한 쌍봉낙타는 걸어서 가고 더 불안한 다봉낙타도 걸어서 간다

# 붉은 사과와 푸른 하늘

바람이 되면 지친 리어카 바퀴도 나란히 마주보며 잠드는 것은 이 땅의 어딘가에 푸른 하늘이 있기 때문이다 낡은 신발까지 하루 종일 떨어져 일하다가도 밤이 되면 나란히 마주보며 잠드는 것도 이 땅의 어딘가에 붉은 사과가 익기 때문이다

그러나 아직도 푸른 하늘 밑에서 만나지 못하는 가슴과 붉은 사과 밑에서 잠들지 못하는 눈빛이 있는 것은 무슨 까닭일까?

농장주 때문이다 푸른 하늘을 이용해 독점경영하려는 못된 짐승이 있기 때문이다 아니다, 아니다, 아니다, 아직도 우리가 욕망의 옷을 입고 있기 때문이다 아직도 우리가 용서의 눈물을 소매치기하지 못한 까닭이다 바퀴와 신발 사이에서 멍청히 눈만 감고 있기 때문이다

# 황금길

편한 길 환한 길 모두 버리고 어머니가 호미 들고 간 새
벽길로 가자 햇빛이 걸레처럼 찢어진 산하, 험한 자갈길이
황금길이다

편한 길 푸른 길 모두 던지고 아버지가 지게 지고 간 황
톳길로 가자 어둠이 걸레처럼 뒤덮인 산하, 좁고 힘든 길이
하늘길이다 보아라, 저기 쇠스랑이 일어서고 있다 보아라,
저기 청보리가 일어서고 있다 너와 내가 같이 가니 하늘이
좁고 손을 잡고 같이 가니 걸음도 가볍다

가자, 이제 살갗 벗겨 깃발 만들고 **뼈**를 깎아 순은의 깃
대 만들어 저기 물과 불이 어울려 사는 곳, 어서 가서 일어
서는 띠풀이 되자 달려가서 펄펄 끓는 쇳물이 되자 날아가
서 등잔 밑의 기름이 되자 좁고 힘든 길이 새벽길이다 높고
험한 길이 황금길이다

# 삽질을 하면서

　물은 물끼리 만나야 한다며 삽질을 하면서 물꼬를 트면서 땡땡거리 건널목 슬픔 묻은 기적소리 눈물 젖은 옷고름 한 많은 이별 뿌리 모두 다 만나도록 붉은 주먹 쥐면서 구릿빛 이별 가락 엉킨 가락 따라지 가락 거기도 불러 모아 노래를 하면서 아리랑 가래질 쓰리랑 써래질로 논두렁을 헐면서 가슴벽을 치면서 어떤 바위 막아섰기 이다지도 못 오실까 무슨 일로 한 뼘 둑길 넘나들기 어려울까 한에 절은 옷고름 눈물을 털면서 벼락 치면 만날까 삽질을 하면서

# 팬티스타킹

팬티와 스타킹은 둘 다 속옷이다 팬티를 먼저 입든 스타
킹을 나중 입든 팬티는 남대문시장에서 사고 스타킹은 압
구정동 현대백화점에서 사든 팬티와 스타킹은 둘 다 떨어
져 있다 그러나 요즈음은 팬티와 스타킹이 같이 붙어 있는
팬티스타킹이 유행이다 팬티스타킹은 팬티 따로 스타킹 따
로 살 때보다 훨씬 경제적이다 구멍가게든 화장품가게든
어디서나 쉽게 살 수 있지만…… 슬프게도 쉽게 살 수 없다

'팬티와 스타킹'의 '와' 자는
팬티와 스타킹을 질기게 가로막은 휴전선이며
녹슨 철조망이며
분단의 아픔이며
속옷의 아픔이며
우리의 아픔이다

남북이 팬티스타킹처럼 같이 붙어 있다면 대동강 억새도
편안히 눕고 임진강 갈대도 편안히 잔다 팬티와 스타킹이

같이 붙어 있다면 아랫도리를 미제 스타킹으로 가리며 살아가는 못난 부족과 윗도리를 무명 팬티로 가리고 살아가는 가난한 부족이 더는 눈물 흘리지 않아도 되는데 그 편리한 팬티스타킹이 자꾸 찢어진다 그 따뜻한 팬티스타킹이 자꾸 얇아진다 그 눈물 젖은 팬티스타킹이 자꾸 낡아진다 이 추운 겨울, 자꾸 어떤 자식들이 구멍만 낸다

# 황야의 도라지꽃

그녀는 썩고 있었어 뽀긋하던 보랏빛 꽃봉우리엔 '카우보이는 혈맹'이라는 지렁이가 담쟁이넝쿨처럼 달라붙어 정말 거머리같이 달라붙어 사정없이 그녀의 작은 씨방 주무르고 있었어 토마토케첩 빛깔의 살찐 엉덩이가 미 8군 언덕 위를 자동승강기처럼 오르락내리락하고 있었어 술집 입구마다 '조선 똥개 출입금지' 팻말이 나붙어 있고 거리의 여관과 호텔마다 미제 핵탄두미사일 고무제품과 토종 배추 작살내는 소리가 '병신들 병신들' 하며 지나가고 있었어 거리는 핫도그들 천국이 되어 한 무더기씩 누린 오줌 싸고 있을 때 너는 꼬리치며 웃고 있었어 애완동물처럼 네 발로 서서 컹컹 짖고 있었어 초콜릿 핥으며 웃고 있었어 너하고 그 옆의 너까지 말이야

# 껌

  양키 물건 시장에서 껌 한 통 샀습니다 쥐포처럼 납작 눌
린 노랑 껍질 벗겨 사정없이 어금니에 찔러 넣고는 잘근잘
근 가루 되도록 씹었습니다 쩍쩍 놈의 단물 다 빠지도록 이
리저리 입 안에서 가지고 놀다가 그래도 도무지 화가 안 풀
려 김치 먹던 손 위에 올려놓고는 큰 코를 납작하게 눌러도
보고 배배 새끼처럼 꼬아도 보고 쩍쩍 가랑이 벌려도 보아
더러워 퉤퉤 침을 뱉고는 쓰레기통에 팽개치듯 버렸습니다
바지 끝에 달라붙는 새까만 껌을 고무신으로 짓밟아 버렸
습니다 어서 빨리 떨어져라 버렸습니다 개똥 옆에 획, 집어
던져버렸습니다

# 문 열고 발 거니

　문 열고 발 거니 닫아 두었던 문 열고 묶어 놓은 허리띠 풀고 대나무 발 하나 시원히 거니 안방 뒷방 건넌방 걱정이 없었다 오장육부 구석구석 새 피가 돌았다 자유니 해방이니 통일이니 하는 떳떳한 말씀 여름 소나기 같은 말씀 문지방에 걸리지 않고 들어와 잘 놀았다 풍악 소리 장구 소리 신나게 퍼졌다 문단속 잘하는 것만 상책이 아니었다 장마철에 문 닫고 사니 깜장곰팡이, 짚신벌레, 위험한 생각만 기어 다녔다(진작에 그러지) 발 하나 턱, 문 앞에 걸고 문이란 문 다 열고 사니 달빛 별빛 들어와 진탕 놀았다 풍문 소문 다들 와 어울려 놀았다 헛간 곳간 다 열어도 도둑이 없었다 귀또리도 흥이 난 듯 밤새 웃었고 초승달도 기쁜 듯이 지지 않았다 남풍 북풍 들락날락 신바람 났다

# 병정개미

동베를린 병정개미―

낡은 이빨이지만 쇠기둥 끊고 쇠넝쿨 끊고 두터운 장벽 타고 넘어 서베를린까지 기어가 햇살의 숲에서 부드러운 자유의 빵 마음껏 씹는다

우리나라 병정개미―

시력이 나빠 철길도 안 보이고 핏줄도 안 보여 철도 중단점의 끊어진 레일 위에 쪼그리고 앉아 눈물을 안주삼아 한탄의 소주 쓸쓸히 마신다

서베를린 병정개미―

썩은 이빨 가지고 총알 씹고 미사일 씹고 낡은 철모까지 씹고 동베를린까지 기어가 전쟁 없는 평화의 숲에서 향기로운 백맥주로 축배를 든다

우리나라 병정개미―

이빨이 약해 썩은 말뚝도 못 씹고 녹슨 철망도 못 씹어 돌아오지 않는 다리 위에 홀로 서서 흐르는 강물 보며 말

라비틀어진 설움의 건빵 홀로 씹는다

# 고무신 체질

된장 뚝배기에 손이 자주 머물고 점심도 순두부 되도록 순한 것으로 먹고 있습니다 커피보다는 숭늉 스파게티보다는 막국수 햄버거보다는 꽁보리밥이 제겐 떳떳했습니다 설사도 없었습니다 나는 역시 고무신 체질, 어제도 녹두 빈대떡 한 장 찹쌀 민속주 한 잔으로 고려시대 별들과 교신을 했습니다 건배를 했습니다 솜바지가 넥타이 매고 마늘이나 고추 냄새 나는 음식 멀리하면 혀 꼬부라질까 털 노래질까 커피를 하루에 너댓 잔 설탕 없이 엎지른다고 횐둥이 될까 카우보이 될까 아직까지 지키고 있는 정신의 외곬, 내가 옹고집처럼 단단히 지키고 섰음에 우리나라 물맛이 싱싱하다고 우리나라 솔바람이 말했습니다 우리 집 김치항아리 그 묵직한 놈도 샛눈 뜨고 살몃살몃 웃었습니다

# 닥나무 껍데기 길들이기

　쌀뒤주 솔표 고무신 인사동 골동품상 2천 원짜리 나무떡
살 하다못해 청진동 해장국집 깨진 뚝배기에도 찍혀 있었
다 문지르고 문질러도 껍질째 도려내도 남아 있었다 가리
마 곱게 탄 여인 하나 나무 두레박으로 대륙의 빛너울 꽃너
울 잡아 올리고 있었다 미국으로 일본으로 도망간 김치 깍
두기 치즈 맛 콜라 맛에 버무려진 된장 항아리 간장 항아리
내가 다 안다 내가 다 알고 내가 용서 못한다 나보다도 삼
신할매가 더 용서 못한다 몽고반점 찍혀 있는 것 아무리 떡
칠했어도 뚜렷이 보인다 토종이란 뼈 토종이란 살 네 놈들
혀 꼬부라지고 몸 꼬부라지고 머리털까지 꼬부라져 고향
산천 아리랑도 꼬부라졌지만 보인다 다 보인다 이놈들아
한심한 영혼들아 한심한 껍데기들아 어서 빨리 돌아오라
이 찢어진 버선짝들아 이 몹쓸 놈의 사랑하는 닥나무 껍데
기들아

# 흔들리며 일어서기

흔들리는 불빛을 생각한다 흔들리는 나뭇잎과 흔들리는 강물을 생각한다 흔들리는 땅을 생각한다 흔들흔들 꼬리치며 나아가는 밤고양이를 생각한다 흔들리면서 땅의 살 땅의 뼈에 굳건히 뿌리박고 생명의 머리칼 움켜쥐는 투박한 손을 생각한다 겨울 꽃나무를 생각한다

흔들리는 손잡이에 매달려 흔들리는 푸른 햇살을 생각한다 푸른 연필을 생각한다 따뜻한 밥 한 그릇 국 한 그릇 위해 추위에 흔들리는 어머니들을 생각한다 이 땅의 마지막 눈물을 생각한다 흔들리다 흔들리다 기어코 겨울의 이빨 사이로 떨어져 간 하늘 이름을 생각한다 끝까지 흔들리다가 기름이 된 눈물별을 생각한다

이 땅을 통과하는 생명이여, 사랑이여, 불빛이여!
흔들리면 흔들릴수록 단단한 열매가 맺히는 작은 호도 한 알, 흔들리면 흔들릴수록 쉽게 곯아 터지는 커다란 호박 하나, 이 비극적 맞섬의 흔들거림

이 땅을 지탱하는 꿈이여, 미래여, 아침이여!

흔들리며 흔들리며 일어서기, 바람에 흔들리지 않은 꽃은 향기가 없다 태풍에 흔들리지 않은 고기는 비린내가 나지 않는다 흔들리지 않고 자란 모래는 바위가 안 된다 흔들리지 않은 풀잎은 어딘가 허약하다 송곳이 되자, 미친 듯 흔들며 일어서는 햇살이 되자 흔들리면 흔들릴수록 단단한 뼈 하나 네 몸에 생긴다 세상에서 으뜸가는 기름진 식량, 흔들리면 흔들릴수록 네 몸에 생긴다

# 태극기가 웃었다

팝콘컵이 모자 뒤에 숨어 있다 팝콘컵이 고양이 뒤에 숨어 있다 팝콘컵이 모자 쓴 고양이 뒤에 숨어 있다 독립문이 가랑이 벌리고 헬렐레 웃었다

붉은 모자가 컵을 통째 안았다 붉은 모자가 고양이를 뼈째 안았다 별 달린 붉은 모자가 컵 든 고양이를 털째 안았다 임진강이 서러워 엉엉엉 울었다

흑고양이가 붉은 모자를 힘껏 잡았다 흑고양이가 웃고 있는 팝콘컵을 힘껏 잡았다 흑고양이가 드디어 웃고 있는 모자와 컵을 힘껏 잡았다 아리랑 쓸개가 훌러덩 빠졌다

고양이가 컵 캡 캣 첫째로 웃었다
별모자가 캡 캣 컵 둘째로 웃었다
팝콘컵이 캣 컵 캡 셋째로 웃었다
태극기가 헬 렐 레 멋쩍게 웃었다

# 천사들의 식량

이태원 천사는 긴 것을 좋아해 한 손에 미제 핫도그 치켜
들고서 쭉──쭉, 돌려가며 맛있게 먹지 '비디오' 간판 걸
린 어둔 골목길 싱글벙글 즐거운 듯 걸어가면서 붉은 루즈
칠한 갈라진 입으로 쭉──쭉 정신없이 맛있게 빨지

명동의 천사는 굵은 것을 좋아해 한 손에 수입 바나나 움
켜쥐고서 쭉──쭉, 돌려가며 맛있게 먹지 '콩비지' 간판
걸린 좁은 골목길 소곤소곤 속삭이듯 걸어가면서 푸른 루
즈 칠한 쪼개진 입으로 쭉──쭉 정신없이 눈감고 먹지

# 프리섹스가 리히터지진계에 미치는 영향

2, 3, 4, 5, 5, 5, 5, 5, 오, 옷 옷, 옷, 들, 이,
**헉헉헉헉헉헉**

벗, 겨, 진, 다, 리, 히, 터, 지, 진, 계, 가, **헉, 헉헉헉헉헉**
**헉헉헉헉헉허헉헉헉**

헉, 움, 직, 인, 다, 속, 옷, 속, 옷, 속, 옷, 이, 벗, 겨, 진, 다,
얼, 음, 이, 더, 이, 상, 녹, 지, 않, 는, 다, 뚝, 뚝, 뚝, 뚝, 뚝,
뚝, 뚝, 뚝, 뚝, 그, 의, 뒷, 모, 습, 이, 뒷, 모, 습, 이, 뒷, 짐,
을, 지, 고, 있, 다, 그, 림, 자, 가, 없, 다, 그, 房, 에, 들, 어,
간, 時, 計, 바, 늘, 6, 과, 9, 가, 리, 키, 고, 있, 다, 아, 버, 지,
마, 저, 뒷, 짐, 을, 지, 고, 앞, 모, 습, 이, 없, 는, 모, 습, 하,
늘, 향, 해, 그, 눈, 물, 의, 속, 눈, 물, 날, 려, 보, 낸, 다, 깨,
진, 貞, 操, 가, 물, 끄, 러, 미, 어, 머, 니, 보, 며, 2, 3, 4, 5, 5,
오, 오, 오, 옷, 옷, 다, 시, 다, 시, 입, 는, 다, ⋯⋯⋯⋯⋯⋯
거, 울, 속, 에, 비, 친, 벌, 거, 벗, 은, 건, 물, 리, 히, 터, 지,
진, 계, 에, 나, 타, 나, 지, 않, 는, 다, 금, 이, 금, 이, 가, 가,
가, 있, 다, 쨍, 그, 랑, 쨍, 그, 랑, 六, 角, 形, 으, 로, 물, 어,

뜯, 는, 다, 5, 5, 5, 5, 5, 오, 오, 르, 가, 즘, 깃,　　**헉헉헉헉**
**헉헉헉헉헉헉헉헉헉헉헉헉헉헉헉헉**

　발, 의, 오, 르, 가, 즘, 지, 진, 계, 의, 바, 늘, **헉헉헉헉헉**
**헉헉**

　이, 동, 굴, 속, 으, 로, 헉, 헉, 헉, 헉, 들, 어, 간, 다, 폭, 발,
물, 이, 터, 터, 터, 터, 터, 터, 지, 지, 않, 는, 다, 星, 조, 旗,
가, 펄, 럭, 펄, 럭, 펄, 럭, 이, 지, 않, 는, 다, ……끌끌끌
끌……한장얇은모조지같은人間이바짝쪼그라든기계로한
뭉텅이흰비둘기떼를구겨버린다흰종이는창백하다창백하
다창백하다……………………………………끌끌끌끌

# '커뮤니끼리아' 공화국

멀리 '커뮤니끼리아' 공화국에도 멍텅구리 상자가 있는데 그 상자 속에는 냄비는 하나뿐이고 고추는 많더라 야근하고 돌아온 젊은 노동자 곧추서게 만드는 화려한 쇼와 맹물 같은 코미디 프로 가득가득 쌓여 있고 파김치 되어 돌아온 말단 월급쟁이 곧추서게 만드는 프로 야구 프로 축구 경기가 줄줄이 사탕처럼 늘어서 있고 꽃가루 향기와 맞서 싸우다 거품 물고 돌아온 피 끓는 햇살 역시 곧추서게 만드는 뉴스데스크인지 디스크인지도 있고 저녁나절 버섯국 끓이기에 바쁜 양은 냄비들 애달캐달 잠 못 들게 만드는 연속 마약극 '사치와 요망' 도 거기서 '모래성'을 쌓고 있더라

# 우리 시대의 풍경화 · 2

저 골짜기 버들 꺾는 게 누구 손이지?
누구긴 누군가, 돈놀이로 먹고 노는 뺑뺑이 손이지

저 여린 샘 꽃물 푸는 게 누구 손이지?
누구긴 누군가, 부동산으로 떼돈 번 박졸부 손이지

저 가는 목 쥐어트는 게 누구 손이지?
누구긴 누군가, 의금부 졸때기 개포졸 손이지

저 콩밭에 말뚝 박는 게 누구 손이지?
누구긴 누군가, 낙하산 타고 내려온 천장군 손이지

# 뽕

시어머니 앞에서―
베토벤 운명 교향곡처럼 이 소리가 터지면 며느리 얼굴
이 홍당무가 됩니다
먹성 좋은 누에에게―
들키기라도 하면 뼈도 못 추리고 죽어야 하고
노름판에서―
이놈과 상면하면 한쪽 손목이 기분 좋게 가벼워집니다만


――조심하십시오


'시바스 리갈' 주둥이에서―
이 소리가 터진 뒤
오던 봄이 엉거주춤 멈췄습니다
관악산 산지기도 바뀌었습니다

# 변기통에 앉아 있는 사람

온 세상 의자가 변기통이라면 황금빛 봉황 새겨진 높은 의자부터 면사무소 말단 공무원 녹슨 의자까지 모두 재래식 변기통이라면 의자에 앉기 위해 서로 싸우지 않고 그 의자에 앉았어도 오래 있지 않을 것을

뺑뺑 터지는 사과탄이 대구 능금이라면 연탄공장 다니는 막내 동생부터 성냥 공장 다니는 둘째 누나까지 서로들 주워 가려 아우성일 것을 즐거운 저녁 밥상에 마주앉아 하루 햇살만큼의 은빛 이야기 툭툭 털어놓으며 오순도순 맛있게 깎아 먹을 것을

왜 여우원숭이들은 냄새나는 변기통을 좋아하는 것일까 왜 요즈음 사과들은 국광國光처럼 맛있지 않을까 오래도록 앉아 있어 봐도 알 수가 없다 끙끙대며 힘줘 봐도 늑대들 속셈은 알 수가 없다

# 샤쓰를 입지 않은 천사

천사가 있습니다 잠자리 날개 같은 상자 속에서 샤쓰를 매만지는 천사가 있습니다 샤쓰를 입은 사람들이 말뚝처럼 길게 누우면 샤쓰를 입지 않은 천사는 피리같이 가는 손목으로 천천히 아주 천천히 악기를 연주하기 시작합니다 샤쓰를 입지 않은 천사는 샤쓰를 입은 사람에게 아무 말도 하지 않습니다 샤쓰를 입은 사람들의 샤쓰가 너무 더럽기 때문이기도 하지만 천사의 샤쓰로는 샤쓰를 만들 수 없는 까닭이기도 합니다

샤쓰를 입지 않아 파도처럼 출렁이는 천사의 가슴이 가끔씩 샤쓰를 입은 더러운 가슴을 짜릿하게 찌르기도 하지만 샤쓰를 입은 사람들은 샤쓰를 입지 않은 천사의 가슴을 함부로 만질 수 없습니다 그가 이미 샤쓰를 벗어던진 천사이기도 하지만 천사가 뜨거운 나무 가운데 올라가 서 있는 까닭이기도 합니다

털밤나무가 우산처럼 손들고 서서 그늘을 만들면 샤쓰를 입지 않은 천사의 손목은 점점 가늘어집니다 양말마저 벗

고 있는 알밤나무일 때는 더욱 가늘어집니다 일회용 칫솔
같이 뻣뻣해진 나뭇가지를 뚝뚝 소리가 나도록 꺾기도 하
고 지금껏 울려 보낸 수많은 천사들의 신발 숫자를 세보기
라도 하듯 좌우로 부드럽게 흔들어 보기도 하지만 천사의
하늘은 보이지 않습니다 하늘이 없으니 돌아갈 나라도 없
습니다

# 바다가재 요리 특선*

바다가재는 통째로 벗겨지기 위해
태어나지 않았다

　일류 요리사의 손끝에서 벗겨지는 빨간 모자 빨간 벙어
리장갑 빨간 실크블라우스와 갈 수 없는 바다에 두고 온 빨
간 우뭇가사리와의 추억도 함께

　벗. 겨. 진. 다

　공해 없는 바다의 싱싱한 향취——
　그 어느 고기도 따를 수 없는 고급스러운 맛——
　그 부드러운 껍질에 감추어진 희고 부드러운 속살의 신
비——

바다가재는 통째로 삶아지기 위해
태어나지 않았다

　레몬 향 그윽한 머리칼 겨자크림 소스를 곁들인 구수한

맛 일류 조율사의 혀끝에서 익어가는 바다가재의 뜨거운
속살 은은한 조명 속을 벌레처럼 기어가는 부드러운 음악
백포도주 향이 빚어내는 담백한 맛 얇게 저며 달빛에 구워
낸 별빛의 맛 그 어느 고기도 따를 수 없는 신비한 맛 그 슬
프고 슬픈 속살의 눈물

바다가재는 통째로 찢어지기 위해
태어나지 않았다


* Southern Rock Lobster Specialties


첫사랑에 실패해본 사람은 더욱 잘 안다

# 순모바지와 꼬마단추

　입을 때마다 생각없이 잠그던 바지 안쪽의 꼬마단추 하릴없이 멍청히 달려 있는 줄 알았던 볼품없고 말도 없는 쬐끄만 꼬마단추 냄새나는 배꼽 향해 코를 처박고 올가미 같은 좁은 구멍에 생명을 걸고 숨 막혀도 불평 한 마디 내뱉지 않고 묵묵히 그가 제자리 지킴에 순모바지 주르르 흐르지 않고 번쩍이는 골프채 들고 다니는 푹신한 침대에서 요동도 치고 하찮은 물건 계절마다 가리고 사는 걸 비행기 안에서 신발 벗고 돌아다니고 아무데나 오줌 싸고 돌아다녀도 컥컥대며 일만 하는 그가 있음에 돈도 펑펑 허풍도 펑펑 떨 수 있음을 언제쯤 바지들이 깨닫게 될까 당기면 당기는 대로 아픔을 참고 끌면 끌수록 설움도 참으며 묵묵히 일만 하는 그가 있음에 아랫도리 오늘도 든든한 것을 언제쯤 핫바지들 느끼게 될까 단추 떨어져 주르르 흐를 때 깨닫게 될까 바지 안팎이 뒤집혀야 깨닫게 될까

# 권태로운 남자

　낙엽을 머리에 이고 풍경처럼 흔들다 보면 권태는 체코 말[言]처럼 떨어진다 내 엉터리 체코 말만큼 어지럽게 독일 빵처럼 부풀은 여자의 젖가슴 위로 불란서 빵처럼 기다란 불란서 여자의 다리 위로 체코 말처럼 권태롭게 떨어진다(혁명이라도 일어났으면……)

　낙엽을 주머니에 넣고 안경처럼 흔들다 보면 가을엔 여자 눈[眼]이 숨어 있다 금빛 머리칼은 여름에 주고 까만 속눈썹은 겨울에 바친 젊은 독일 여자 눈이 권태롭게 숨어 있다(누가 암살이라도 당했으면……)

　"……굴러다니길 좋아하는 도시 사람들이 체코 말 못 하는 독일 여자라면 맛 없는 프랑스 요리를 먹으며 혁명을 꿈꾸는 권태로운 서울 남자와는 사랑이 가능할까?……"

　이렇게 태연하게
　낙엽을 머리에 이고 권태를 풍경風磬처럼 흔들다 보면
　이렇게 권태롭게

슬퍼지는 현대사現代史를 흔들다 보면

# 영화배우 같은 남자

내가 영화배우처럼 머릿기름 바르고 주머니에 손 찌르고
꽃길 걸을 때 햇살은 등 뒤에서 이글거렸다 내가 주머니에
손 넣고 폼 잡고 갈 때 이태원 반달스타킹은 흘러내렸고 내
가 츄잉껌을 침 튀기며 씹을 때 미국 남자는 밀림 향해 차
를 몰았고 내가 영화배우처럼 코트 깃 세우고 88담배 한 개
비 꺼내 물었을 때 그녀 역시 대형 핫도그 물고 있었고 내
가 담배꽁초에 침 묻히고 있을 때 광주에서 불어온 바람에
도 피가 묻어 있었고 내가 88담배를 짓밟아 버렸을 때 군홧
발에 맑은 물이 짓밟히고 있었고 내가 다시 새 담배 하나
피워 물었을 때 떡 주무르던 더러운 손이 미국 비행기 탔고
내가 삼류 영화배우같이 폼 잡고 햄버거 먹을 때 달동네 꼭
대기엔 밥그릇이 깨졌고 내가 다시 휘파람 불며 뒤돌아보
았을 때 거리마다 꽃가루가 날리고 있었고 내가 다시 꼬리
흔들며 손바닥 비빌 때 대나무가 피 흘리며 쓰러지고 있었
고 내가 다시 휘파람 불며 엉덩이 흔들 때 소나무가 돌을
던져 까마귀 쫓았고 내가 문득 휘파람 멈추고 앞을 보았을
때 중앙본부 화장실엔 불이 켜져 있었고 내가 다시 바지 내
리고 휴지를 찾을 때 깡통들이 탱크 몰고 다리를 넘었고 내

가 색안경 끼고 머플러 휘날릴 때 친구들은 붉은 벽 속 들락거렸고 내가 폼 잡고 술 마시고 있을 때 성조기와 일장기는 허리를 눌렀고 내가 눈을 감고 여주인공 안을 때 북에 살던 땡땡구리 남쪽에 오고 내가 헐떡이며 치마 벗길 때 철조망은 여간해서 벗겨지지 않았고 내가 끙끙대며 팬티 벗겼을 때 핵무기 가랑이에선 악취가 났고 내가 영화배우같이 고개 쳐들고 슬금슬금 여인숙 문 나서고 있을 때 햇살들의 비웃음 소리 왜 못 들었을까 하얀 꿈의 절규 소리 왜 못 들었을까 영화배우 같은 내가, 이 시대의 주연배우인 내가 왜 못 들었을까 쥐새끼들이 갉아대는 소리 왜 못 들었을까

# 송장헤엄 · 2

　하나 둘 하나 둘 단칸에서 두 칸으로 사글세에서 전세방으로 파김치처럼 늘어진 꼬리 힘겹게 흔들며 거친 물살 헤치며 가고 있습니다 바람은 어디서나 불어왔지만 망초꽃은 아직도 피지 않았습니다 새벽부터 밤중까지 머리 숙이며 콩깻묵만 열심히 씹다 보면 나도 언젠간 물 위에 뜨겠지 9평짜리 임대주택 마련하겠지 오늘도 헐거운 신발 고쳐 신으며 더러운 물 속 힘겹게 헤쳐 가는데 저기 저, 저놈에 기생개구리 아파트 입주권에 주식시세표에 수표 뭉텅이 신나게 흔드는 저놈에 저 썩을 똥배망둥이 누가 밀어주는 잠수법인지 요리조리 피해가는 저 아귀 보면 디룩디룩 살만 찌는 저 돼지 보면 정말이지 썩은 물 속 언제 뒤집히나 한없는 절망감에 분노만 쌓이고 퍼마시는 썩은 물에 아가미는 썩어 깊고 깊은 한숨이 터져 나오지만 돌아앉아 이빨을 갈아봅니다 그 날 위해 번쩍번쩍 갈아봅니다

# 송장헤엄 · 3

　새벽까지 쇳가루와 땀 흘려 싸워도 올라가는 사닥다리
보이지 않았다 쳐다보면 행복 계단 까마득했고 미끄러지는
얼음판만 눈에 띄었다 뚝배기들 인심은 이미 떠났고 등대
지기 사랑 주머니도 비어 있었다 멀리선 썩은 불빛 아른거
리고 앞서가던 선수는 보이지 않았다 녹슬어 덜컥이는 요
란한 양심 떼어서 시궁창에 던져버리고 죽도 안 되는 쓸개
까지 던져버리니 어디서든 슬프게 웃을 수 있었다 어딜 가
도 썩은 이빨 감출 수 있었다 하루 종일 종이탈처럼 웃어도
보고 저녁 내내 들쥐처럼 헤매도 봤지만 주머니엔 가득히
이끼만 끼고 신호등은 어김없이 목을 조였다 가도 가도 푸
른 섬은 보이지 않고 가도 가도 발밑은 수렁이었다 가도 가
도 가슴엔 먼지만 쌓였다

# 송장헤엄 · 4

    돈놀이하는 빼빼나무와 오랜만에 점심을 먹었습니다 알루미늄 석유통을 수물 두 개씩, 후식으론 껌정 고무줄 각각 한 근씩 덥덥하고 뻑뻑하게 먹었습니다 쏭쏭나무와 저녁에 만났습니다 일찌감치 물침대에 드러누워서 텔레비전 포르노 주사만 맞았습니다 수세식 변기통에 기계를 대고 웃다가 울다가 웃기도 하고 울다가 웃다가 울었습니다 뒷주머니에 숨겨 놓은 복권 한 장에 물갈퀴가 생기길 기다렸지만 탄산가스 방귀만 날렸습니다 모두들 산소 찾아 헤엄은 안 치고 뒷다리만 생기길 기다렸습니다 이리저리 깡통처럼 떠밀려 가다가 내숭떨며 젖통만 빨았습니다 길어진 혓바닥만 돌렸습니다 점점 어둡고 음침한 쪽으로 모가지도 주머니도 자라만 갔고 덜렁덜렁 밥통만 커졌습니다 디룩디룩 엉덩이만 불었습니다

# 송장헤엄 · 5

썩은 물 따라 정신없이 떠밀려 가다 보니 한 쪽 팔이 고릴라처럼 길어지고 양쪽 눈도 개구리처럼 툭 튀어나와 출세의 지느러미 욕망의 비늘 이무기처럼 숭숭숭 겁 없이 자라 찌든 땅 곪은 늪으로 밀려가지만 오늘도 물 속엔 해가 뜹니다 산소가 그리워 물 위로 솟으면 바보 바보 바보라며 바람은 때리고 같이 크는 물고기 뒷등 밟으라 핏기 없는 나뭇잎은 잡아끕니다 어디서 조용히 햇빛 내리는 소리 어디서 정갈하게 몸 씻는 소리 못 들은 체 안 들은 체 고개 돌리고 쓸개인지 코딱진지 떼어버리고 요리조리 암초 피해 높은 곳 뺏으려 색안경 끼고 모두들 헤매고 다녀도 오늘도 물 속엔 달이 뜹니다 오늘도 물속엔 별이 뜹니다

# 마술사의 꿈


수리수리 마하수리, 온 세상 철모를 비닐우산으로 만들고 싶다 철모를 만드는 기술자들 엉덩이마다 평화의 설탕 주사 찌르고 싶다 평화 우산에 비가 새도록 총알구멍을 낸 전쟁광과 억수같이 쏟아지는 총알비 속에서 살아 돌아온 살인 용사의 이름 옆에 붙은 금빛 훈장, 그 훈장을 달아준 화약 냄새 밴 손목과는 절대로 악수하고 싶지 않다

평화란—— 연인과 우산도 없이 숲속을 걷다 비 홀딱 맞고 외딴 집에 들어가 눈치 보며 속옷을 말리는 작업

수리수리 마하수리, 온 세상 총을 문화연필로 몽땅 바꾸고 싶다 성능 좋은 연필이라며 속이고 다니는 무기상들 이마에다 주홍 글씨로 '악마'라고 낙서해주고 싶다 우리 회사연필이 제일 좋다고 선전하는 무기 광고와 연필 팔아 부자된 전쟁 갑부 이름 위에 설사똥을 갈기고 싶다

전쟁이란——파란 구름 그려야 할 하얀 노트에 새빨간 피구름 그려 놓겠다는 생각

수리수리 마하수리, 세계 곳곳에서 벌어지는 전쟁터를 시골 장터로 바꾸고 싶다 벌벌 떨며 목숨을 주고 받는 대신 콩자반 같은 영양 식품 떳떳하게 거래하고 꽝꽝 살인 대포 쏘는 대신 쨍쨍 막걸리 왕대포 부딪친다면 팔려나온 흰 염소도 '으하하하' 겁 없이 웃고 구경 나온 촌닭도 '으크크크' 꼬리 칠 것을 철조망도 전쟁미망인도 빨치산과 게릴라 전쟁고아나 전쟁영웅도 안 생겨 하느님도 천국 관리 편하게 하실 것을 부처님도 지옥 정리 편하게 하실 것을

# 내가 뿌린 내 씨앗 하나

씨앗 일곱 개가 있었다 한 톨을 꿈꾸는 나무에게 주었다 한 톨을 갓 태어난 아이에게 주었다 또 한 톨은 싱그러운 봄바람에게 주었다 또 한 톨은 가장 먼저 뜨는 별에게 주었다 아직도 여럿 남아 있어서 한 톨을 말 잘 듣는 개에게 주었다 한 톨을 코가 큰 기린에게 주었다 한 톨을 재주 많은 붉은 곰에게 주었다 맹꽁이는 너무 기뻐 물가에 나와 밤마다 달 보며

하,

하,

하,

웃었다

씨앗마다 큰 열매가 탐스럽게 열렸다 나무에는 수류탄이 주렁주렁 열렸다 말 잘 듣던 똥개는 철모를 썼고 코가 큰 기린은 핵폭탄 들고 붉은 곰은 기관총에 대검을 꽂고 아이들은 전쟁놀이에 정신이 없었다 봄바람은 피 냄새 종일 풍겼고 별빛도 핏빛으로 변해 있었다 맹꽁이는 너무 슬퍼 물가에 나와 밤마다 철조망 붙들고

엉,

엉,

엉,

울었다

# 지, 지, 지 자로 끝나는 평화

집에는 강아지 산에는 도라지 밭에는 뚱딴지 흙에는 두
더지 솔에는 우거지 독에는 단무지 물에는 바가지 꿈꿀 땐
노다지 등에는 뾰루지 손에는 가락지 다락엔 꿀단지 부엌
엔 누룽지 뒷간엔 화장지 머리엔 벙거지 뽀오얀 허벅지 애
기는 젖꼭지 덜커덩 모가지 믿을 게 도무지 이 모든 꼬랑지
싸우지 않아야 영원히 잘살지

# 수동 手動

　자동계단 자동권총 자동인출 자동문 자동저울 자동판매
기 자동만년필 자동에는 땀이 없다 노동이 없다 따뜻한 아
랫목이 없다 지쳐서 돌아온 이 땅의 아버지들은 수동이었
다 희망 한 줌 향해 달빛 한 줌 밟으며 기일게 기일게 언제
나 걸어서 돌아오셨다 기일게 수동의 무게만큼 깊이 잠드
셨다 술밥을 기억한다 꿀꿀이죽을 생각한다 지금 자동계산
기로 장부 정리하고 계신 분은 불행하다 지금 몽당연필 한
자루 침 발라가며 끄적이는 분은 행복하다 땀의 역사 땀의
희망 모두 수동이다 소금의 과거 소금의 미래 모두 수동이
다 아시는가 이 땅을 지탱해 온 수동의 힘줄 수동의 근육
수동은 하나님이다 수동은 굳은살이다 우리 집 호미 우리
집 연탄집게 모두 수동이다 맨손으로 뜨거움 움켜쥐고 있
다 수동으로 밥 먹고 있다 수동이 보약인 걸 느끼시라 땀
흘려야 순산順産이다 그래야 달덩이다 사는 맛이 거기 숨어
있는 걸 모르고 어떻게 모두들 자꾸만 자동인가

# 태양이 떠오르는 곳

태양이 떠오르는 동쪽으로 가자 그곳엔 오리나무 숲이 있다 그곳엔 붉은 사과가 있다 그곳엔 낡은 악기라도 소리 내며 산다 그곳엔 빵과 소금을 땀으로 만든다

태양이 떠오르는 바다로 가자 그곳엔 전쟁이 없다 그곳엔 붉은 깃발이 없다 그곳엔 번쩍이는 계급이 없다 그곳엔 낫과 망치를 물로 만든다

태양이 떠오르는 가슴으로 가자 그곳엔 우물이 있다 그곳엔 붉은 피가 있다 그곳엔 너희 아버지가 있다 그곳엔 대륙과 산맥을 핏줄로 만든다

태양이 떠오르는 하늘로 가자 그곳엔 죽음이 없다 그곳엔 붉은 구름이 없다 그곳엔 우리 모두가 없다 그곳엔 **뼈**와 살을 햇살로 만든다

# 가을 어부

가을 어부 그물은 투명하다 바보야 가을 햇살의 실핏줄로 엮어 부드럽고 따뜻하다 이 바보야 아무것도 걸리지 않는다 이 바보야 펄쩍펄쩍 뛰는 땀의 근육 땀의 보석 촘촘히 박혀 있다 이 바보야 미끼 없이도 걸리는 사랑 끼니 걸러도 터지는 웃음 아무것도 걸리지 않아야 만선滿船, 만선이다 이 바보야 가을 어부는 멍텅구리다 이 바보야

먹이 널린 바다 향해 각자의 그물 던져 봐라 바보야 신발짝에 걸린 고기떼 봐라 이 바보야 아무것도 걸린 게 없어야 따뜻하다 이 바보야 살얼음판 건너가도 빠지지 않는다 이 바보야 오늘 저녁도 무사하다 이 바보야 우리들 차가운 마음의 구들장 단절의 구들장 활활 타오른다 이 바보야 가을 어부는 빈 그물이다 이 바보야 다시 봐도 빈 그물이다 이 바보야 가을 어부는 사팔뜨기다 이 바보야 세상살이 십일홍이다 이 바보야 흔들어도 소리가 없다 이 바보야

# 똘배나무

똘배나무야 우짤꼬 불만 지르면 우짤꼬 오줌만 싸면 우
짤꼬 승냥이 꼬리는 봄부터 여름까진데 달이 고봉<sup>高捧</sup>이라
도 닭이 안 우니 우짤꼬 우짤꼬 우짤꼬, 똘배나무야 우짤꼬
불 먹고 별 먹고 귀먹어 배가 고프니 우짤꼬 바람이 부니
우짤꼬 가로막혀 못 가니 우짤꼬 절름발이 절름발이 하늘
로 가려니 우짤꼬 똘배나무야 우짤꼬 이제 온다니 우짤꼬
답장을 못 하니 우짤꼬

# 섬

　홍두깨 홍두깨 섬으로 가자 가자미 가자미 섬으로 가자 갈매기 울지 않고 늙은 어부도 울지 않는 그리운 너와 나의 섬으로 가자

　넓은 여울 넓은 여울 섬으로 가자 소금쟁이 소금쟁이 섬으로 가자 섬이 없는 섬으로 벗으러 가자 콜럼버스도 못 찾고 정鄭 도령도 오지 않는 하늘 없는 섬으로 가자 지도에 없는 섬으로 가자 너와 나의 그리운 섬으로 가자

# 하늘둥지

    구름 한 쪽 찢어서 구름 한 쪽 베어 물면 할아버지 수염, 하늘로 자라지 할머니 코코아 열매 그쪽으로 커가지 그저께 진눈깨비 *그끄저께* 물텅벙이 모두 다 그곳에다 두 배는 낳지 산에 손 놓고 가면 세 배는 낳고 강에 발 놓고 가면 열 배는 날걸? 내일까지 그럭저럭 집 한 채 질걸? 외눈박이모래무지 오목아리모래무지, 옥양목 같은 반달도 슬금슬금 놀면서 사흘은 갈걸? 앉은뱅이꽃조차 두 번은 할걸?

# 백두산

　백두산에 가면 어머니 있지 백두산 골짜기 어깨 멘 할미
꽃 있지 백두산에 가면 굴뚝새 있지 깃발 흔들다 죽은 붉은
머리딱다구리 있지 백두산에 가면 꽃과 꽃 사이로 얼굴이
보이지 발톱 부러진 우리 가족 핏줄이 보이지 썩지 않은 총
알도 보이고 눈이 반쯤 감긴 철모도 보이지 하늘길 하늘꽃
하늘바위 하늘우물도 보이지 백두산에 가면 너도 없고 나
도 없고 소금장수도 없어 남남과 북북 사이 눈이 내리지 내
년 가을까지 사태가 지지 이쪽에서 저쪽까지 온종일 내려
아마 내일 아침까지 하늘에 닿지 아마 글피까지 안개가 끼지

# 피피새와 총총새


수유리와 수유리 사이엔 피피새가 산다 햇살 한 섬 메고
바위가 된 피피새가 산다 하느님도 슬퍼하고 다섯 시 저녁
노을도 눈물 흘리던 피피새가 산다

수유리와 수유리 사이엔 총총새가 산다 발톱 세우고 하
늘로 간 총총새가 산다 서너 달 먹지 않고도 내년 가을까지
해 뜨는 쪽으로 날아가는 총총새가 산다

# 말총꼬리

말총꼬리, 말총꼬리가 하늘로 가면 하늘 간 네 **뼈**까지 다 썩어 버릴걸? 멜론? 멜론? 무릎 밑에 멜론? 냉면, 냉면, 냉면이나 먹지, 꿀밤이나 먹지, 말뒷꼬리, 말뒷꼬리, 삼각산이 안 보이면 하늘모자나 보지, 쓰지? 보지? 쓰지 보지? 말총꼬리, 말총꼬리, 하늘로 가자 말총꼬리

# 댕강나무

　홍, 웃기고 있네 비가 왔다구? 비가 와? 작년에도 오고 몇
해 전엔 너무 와 장마가 졌다구? 홍, 홍홍, 비 안 온다고 우
기는 게 너뿐이라구? 무슨 개털벙거지 같은 수작이냐구?
애달캐달 왜 너만 빨래어멈이냐고? 왜 장마 끝물 오이꼭지
씹은 상판대기냐구? 아주까리 동백기름이나 바르고 껌이
나 씹으라구? 구들장군처럼 자빠져 잠이나 자라구? 홍, 홍
홍, 못 하겠다 못 하겠어 댕강나무 돼도 못 하겠다 못 하겠
어, 이놈의 얼룩무늬 군용 도끼야

# 승천강昇天江 · 1

하늘 향해 아래로 흐르고 있었다 쇠목걸이도 하지 않았
다 가죽 장갑도 끼지 않았다 악어가 그려진 양말도 신지 않
았다 알몸으로 끝없이 머리숙임에 하늘에 있었다 하늘로
흐르고 있었다 하늘과 가장 멀리 떨어져 있음에 가장 가까
이 있었다

바람은 맨발로 건너가고 우리는 짐승처럼 산소만 마시고
있었다 산소만 마시고 있음에 물이 될 수 없고 물이 될 수
없음에 썩고 썩고 썩어 새 잎 하나 새 꿈 하나 새 빛 하나 새
힘 하나 기다리며 눈물 흘리고 있었다 눈물과 싸우고 있었
다 강가에 서서 눈물 흘리며 녹슨 쇠목걸이와 싸우고 있었다

# 승천강 · 2

　검정 두루마기의 강 붉은 진달래의 강 녹슨 계급의 강 찢어진 군화의 강 모두 사람의 기다림 안으로 흘러갔지만 아버지의 피 맺힌 강은 보이지 않았다 어머니의 옷고름은 눈물에 젖고 자식들의 이름엔 이끼만 끼었다 얼룩배기 강아지의 강 살구꽃 흐드러지는 강 화롯불의 고구마가 익어 가는 강 봉숭아 꽃물이 묻어나는 강 모두 멈춰 서 있는 강 총과 칼이 찢어 놓은 우리나라 강 모든 물들은 가슴으로 흐르고 모든 빛들은 고향으로 가는데 오늘도 날선 총칼은 빛나고 있었다 오늘도 녹슨 철망은 걷히질 않았다

## 승천강 · 3

　손목을 넣으니 손뼈가 나왔다 형제의 뼈였다 발목을 담
그니 발뼈가 나왔다 누이의 뼈였다 얼굴 씻으니 해골이 나
왔다 철모 쓴 해골이었다 철모를 벗기니 알이 박혀 있었다
녹슨 알[卵] 부활하지 않는 알 거기 끈적끈적한 꿈이 엉겨
있었다 피였다 붉은 피 어린 피 뜨거운 피 형제의 피였다
깨끗이 닦아주니 가슴이 보였다 빠알간 가슴 풀피리 불던
가슴 물장구치던 가슴 나비 쫓던 가슴 희망이 가득 담긴 가
슴이 공포에 찢어져 있었다 공포에 발기발기 찢어져 엄마
를 부르고 있었다 공포에 질린, 공포에 질린 어린 눈빛이
엄마를 부르며 떨고 있었다 총은 끌어안았지만 총구는 하
늘을 향한 채 무서움에 벌벌 떨며 흘러가고 있었다

# 승천강 · 4

실크 블라우스는 네가 아니다 설탕도 네가 아니다 이태
원도 네가 아니다 이태리타월도 네가 아니고 죽창도 네가
아니고 펜촉도 네가 아니고 목소리 큰 산은 더욱 아니고 손
큰 갈퀴나무도 네가 아니다 깊은 골 따라 아래로 아래로만
묵묵히 고개 숙이며 흘러가는 네가 그의 딸 그의 전체, 국
방색 모자도 네가 아니다 짓밟힌 씀바귀도 네가 아니다 푸
른 들판도 네가 아니다 깊은 골 따라 낮게낮게 반짝이는 눈
동자로 흘러가는 네가 그의 아들, 그의 딸이다

# 승천강 · 5

길이 끊어졌어도 우리는 가야 한다 신발이 없어도 우리
는 가야 한다 사랑의 뼈 원한의 뼈 이별의 뼈 모두 네 품속
에서 삭고 눈물마저 삭을 때 부엉이시계가 훔쳐간 밤의 깃
털도 함께 삭지만 우리는 가야 한다 뒷동산에 두고 온 어머
니의 꿈 살갗 한 쪽 찢어 불던 아버지의 꿈 산과 산 사이로
불러 보던 마을의 꿈 모두 너의 심장에서 죽고 모두 너의
핏줄에서 죽지만 우리는 가야 한다 맨발이라도 가야 한다
　더러 몇은 다리 저편으로 비누거품처럼 몸을 날려보기도
하고 하얀 뼈 되어 절뚝이며 찾아가기도 했지만 너는 움직
이지 않았다 돌아보지도 않았다 철망에 묶인 무수한 이름
만 강어귀에 쌓일 뿐 진흙처럼 서러움으로 쌓일 뿐 너는 오
지 않지만 우리는 가야 한다 벼랑에서 뛰어내려도 우리는
가야 한다 하늘로 하늘 지름길로 우리는 가야 한다

# 승천강 · 6

가만히 있으면 기름도 썩는다 쇠도 가만히 있으면 눈곱이 낀다 땀은 피를 만들고 땀은 밤을 만든다

조용히 멈춰 있으면 햇빛도 썩는다 바람도 멈춰 있으면 끝내 썩는다 땀은 꿈을 만들고 땀은 강을 만들고 마침내 땀은 하늘을 만든다

# 승천강 · 7

　둘이 하나로 만나고 있다 거친 손 부여잡고 반가워서 너무도 반가워서 함경도 사투리와 제주도 사투리가 끌어안고 있다 꿈인가 생시인가 녹슨 철길이 우두둑우두둑 힘차게 일어서서 두 길 아닌 한 길로 걸어가고 있다 돌과 돌들이 춤추며 날아가고 억새도 갈대도 지화자 좋을씨고 추임새 놓으며 얼싸안고 얼싸안고 흘러가고 있다 둘이 아닌 하나로 흘러가고 있다 구멍 난 군화 한 짝 녹슨 철조망 제 설움에 겨워서 녹아내리고 깽비리도 달려 나와 눈물인지 핏물인지 홍타령 부르며 반짝반짝 빛나며 흘러가고 있다 하늘로 하늘로 흘러가고 있다 둘 아닌 하나로 흘러가고 있다

# 3부

오전 10시에
배달되는 햇살

# 그리움의 싹

하고 싶은 말들이 싹튼다 별이 꽃이 되거나 사랑이 네게
가서 나비가 되는 것은 너에게 그날 하지 못했던 말들이 아
직 지상에 살아 있기 때문이다

흐린 얼굴로 우산 없이 정거장에 서서 너를 기다린다 창
문이 작은 집으로 달려간 작은 편지들이 너의 서랍 안에서
따뜻한 말의 지문들을 기다리고 있다 그리움의 싹이 트고
있다

# 위험한 측근

　가까이 있다는 것 누가 누구를 보호한다는 것 위험하다
가장 가까이 있는 여자가 위험하다 가까이 있기에 서로가
서로를 너무 잘 알고 있기에 찔릴 수 있다 상처 받는다 사
랑 구멍 때문에 인생 구멍 난다 허파에 바람 구멍 난다

　뭉텅뭉텅 자라는 음지식물들은 햇빛이 두렵다 가까운 곳
에 떨어지는 밝은 마음이 적이다 경계하라 헤어져라 구멍
이 나기 전에 갈라서라 무시무시한 밀림에서 자라는 키 작
은 거위들은 얼마나 불쌍한가

　가까이 있는 망치가 위험하다 친한 것이, 늘 쓰는 물건이
배반한다 목숨을 보호하는 갈비뼈가 허파를 찔러 바람 구
멍 낸다 몸을 축낸다 목숨을 위협한다 그렇다 텅 빈 허파,
바람 든 허파, 피 묻은 허파, 피를 토해 봐야 피 맛을 안다
가까이 있는 것들을 조심하라 단단히 믿었던 **뻣뻣한 뼈가
뻔뻔하게 흉기가 된다**

　조심하라 조심해, 측근을 조심하라 가까이 두던 도끼에
게 배반당해본 사람은 안다 기르던 개에게 물려본 사람은
안다 쓰러진 대추나무는 나무꾼이 무서운 게 아니라 들고
있는 도끼 자루가 더 무서운 것이다

# 하늘 편지

거기 살고 싶다 해송海松 한 그루 애인처럼 껴안고 다시마
즙처럼 푸릉푸릉 피어나는 그 밤을 기억하며 하늘 편지를
쓰고 싶다, 흙탕길을 비껴가는 발자국이 아름다운 너에게
음악을 실은 바람이 고운 뒷모습을 몰고 오는 그곳에서
바위에 피어난 하얀 조개 꽃물로 눈빛 살빛 그리다 거기서
부서지는 섬이 되고 싶다 너를 기다리며, 기다려도 오지 않
는 이별을 기다리며

# 서울 묘지

눈동자가 아이스크림처럼 녹을 것 같은 무더운 날이다 그들은 눈을 보고 있다 그 눈은 벌건 국물 위에 둥둥 떠 있다 그 눈은 바닷물로 만든다 눈동자가 메추리알처럼 익어버릴 것같이 더운 한여름, 냄비 안의 눈은 풀려 있다 그 눈은 하늘을 보고 있다 뒤집혀져서, 눈썹과 눈물로부터 이별당한 채, 땅을 보지만 하늘을 보고 있다 엎어져 하늘로 가고 있다

서울은 너무 춥다 수많은 눈들이 잠들어 있는 서울 묘지는 너무 춥다 눈이 눈을 덮고 있어 너무 덥다 모두 잠들어 있지만 눈 뜨고 있다 차가운 삽들이 날마다 눈을 파묻고 있다 동태 눈이 맑은 눈을 이리저리 젓가락으로 휘젓고 있다 욕망으로 굳어진 눈, 진흙으로 빚어진 눈, 그 눈들은 불이 되고 있다 아궁이로 가고 있다 조리개가 닫힌 카메라처럼 편안한 하늘눈은 어디에 있나 밀밭의 종달새처럼 한줌의 맑은 목소리는 어디에 있나

# 화살나무는 왜 새가 되려 하는가?

## 1

물들이 꾸불꾸불 하늘로 흘러간다. 하늘을 향해 꾸불꾸불 직선으로 올라가는 물, 바로 화살나무다. 화살나무는 날개가 돋지 않은 물들로 가득 찬 '물의 정거장'. 차가운 심장이 펄럭이는 바다를 그리며 물의 껍데기 속에 잡혀 있다. 화살나무는 날아가려는 물을 붙잡아 가느다란 철사처럼 제 몸을 구부리고 둥글려 가지를 만든다.

물은 부드러운 교태를 부리며 나무 안에서 초록의 꿈을 꾸고 빛은 반짝이는 껍질을 벗고 키를 늘린다. 나무가 꿈꿀 때 나무는 하늘에 가깝다. 꿈꾸지 않는 나무는 죽은 나무다. 그런데 화살나무는 왜 새가 되려 하는가?

화살나무는 물을 가둠으로 새가 되고, 새가 되기 위해 여름의 길이를 늘려간다. 가둬둔 물의 공기가 많을수록 나무의 무게는 가벼워지고 지워버린 기억의 양이 많을수록 나무는 무거워진다.

## 2

맑은 물만을 골라 가두는 화살나무는 지상에서 가장 가

벼운 새가 된다. 날개 없이 날아가는 새, 깃털 없이 날아가는 새, 알로 태어나지 않고 물로 태어난 새, 새들은 알로 태어날 때부터 추락하는 법을 배운다.

새들이 권태로운 햇빛 사이로 날아간다. 이때 화살나무는 초록의 깃털이 돋기 시작한다. 화살나무는 왜 초록의 깃털을 달려고 하는가?

화살나무가 꿈꿀 때 화살나무 이파리는 낙엽처럼 떨어진다. 밤에도 떨어진다. 보석처럼 떨어진다. 꿈의 깊이만큼 깊게 떨어진다. 가장 먼저 떨어진 것을 죽음이라 부르고, 가장 늦게 달려 있는 것을 생명이라 부른다. 떨어진 이파리는 뿌리를 하늘에 두고 있지만 지상에서 호흡한다. 꿈이 깊을수록 초록의 날개는 빨리 돋고 꿈이 얕을수록 나무의 근육은 허약하다. 화살나무는 왜 새가 되려 하는가!


3

날개가 막 돋으려 할 때 흙은 나무의 발목을 붙잡고 놓아주질 않는다. 흙의 이빨로 나무의 발목에 달린 머리칼을 물어뜯으며 놓아주질 않는다. 나무와 흙은 같은 산소를 마시고 있기 때문·에 사랑을 물어뜯으며 한다. 갈비뼈 사이에 머리를 처박고 짐승처럼 울부짖으며 사랑을 한다. 이때 화살나무에게 가서 그의 가슴을 열면 살과 살 사이로 끈적끈적한 흙의 피, 물의 피가 보인다. 자세히 보면 눈과 눈 사이로 흐르는 강물도 볼 수 있다. 그 하얀 즙이 바로 날개가 되려는 뼈이며 여름의 중심일 때 그 뼈는 가장 차다. 화살나무는 왜 자기의 살을 뼈로 만들어 날개를 가지려고 하는가?

4

나무의 고향은 하늘이다. 까만 씨앗 하나가 지상에서 홀로 생명의 배를 저어갈 때 생긴 고통의 덩어리, 뭉쳐진 상처, 굳어진 설움에 나무는 점점 둥글어진다. 그 휘어짐과 꺾어짐의 각도에 따라 화살나무의 부드러움은 결정된다. 각도가 넓으면 넓을수록 화살나무는 튼튼하고 각도가 좁으면 좁을수록 화살나무는 날카롭다. 그런데 화살나무는 왜 흙에 잡혀서 날개가 달리기를 기다리는가?

화살나무는 불행하다. 날개 가진 새가 지상의 한 귀퉁이를 지키고 서서 평생을 날지 못하고 홀로 상처 입는 나무가 되는 모습은 죄악이다. 화살나무는 새가 될 수 없고 새는 화살나무가 될 수 없지만 나무와 새, 그 둘은 환원한다. 각자 홀로 될 때 각자가 꿈꾸던 형태로 산화한다. 새는 왜 화살나무가 되려고 하는가!

5

화살나무는 허파가 없는 대신 무거운 입을 가졌다. 그러나 새는 허파가 있는 대신 너무 가벼운 입을 가졌다. 이 무거움과 가벼움 차이로 바람이 불고 그 바람에 슬픔이 묻어 날 때 나무는 굵어진다.

화살나무는 조금만 더 무겁게 입을 간직하고 있으면 화살이 되어 하늘을 날 것이다. 이미 옷을 벗은 화살나무는 날카로운 화살이 되었다. 그러나 아직도 깃털이 돋지 않는 이유는 신발을 신고 있기 때문이다. 다 떨어진 어둠의 신발을 아직도 질질 끌고 다니고 있기 때문이다. 화살나무는 왜 아직도 더러운 지상의 향기를 끌고 다니는가! 버려라! 버려라! 모두 던져버려라! 아침이 오기 전에 벗어던져 버려라! 이미 저녁노을은 더러운 오후의 신발을 벗어던지고 붉은 가슴을 드러냈다. 저 풍만하게 익은 붉음이 지나면 이윽고 새벽에 도착하고, 그때 지상의 모든 화살나무들은 새가 될 것이다. 새가 되지 못한 화살나무는 어둠의 땅에서 신발을 질질 끌고 다니며 어둠 속을 기어 다니다가 날아가는 새떼 속에서 죽을 것이다. 나의 품으로, 나무의 품으로 새들은 오라! 모두 와서 하얀 알을 낳고 나의 머리칼 속에 집을 지어라!

　새여! 화살나무여! 그러나 새들은 화살나무가 되지 않는다. 화살나무는 새가 되지 않는다. 다시는 지상의 가지에 둥지를 틀지 않는다. 그런데 화살나무는 왜 자꾸 새가 되려 하는가!

# 임진강

이끼가 나무 위로 흘러간다 흰 고무신이 흙더미에 꽂혀 있다 고목처럼 쓰러진 물 위에 진흙을 덮은 피나무가 소문 없이 무성해진다 새들이 하늘빛을 닮아간다 강이 누워서 흙을 덮고 있다 연기와 아우성과 피 냄새가 한적한 그늘에 앉아 있다 죽지 않은 넋과 썩지 않는 빛들이 바람 크기의 주먹을 쥐고 울고 있다 포탄이 터진 상처마다 납빛 고기들은 지나가고 철망은 피리 소리를 내며 울고 있다

어제 불던 바람은 이미 바람이 아닌 듯 강물을 부드럽게 만지작거리고 있다 나뭇잎마다 화약 냄새가 나고 강은 서럽게 눈물 삭히고 있다 퍼레진 아버지의 손목과 붉어진 어머니 가슴이 진흙처럼 굳어져 있다 남에서 북으로 북에서 남으로 새들은 자유로이 집을 짓고 녹슨 바퀴 밑에서 다람쥐들이 알을 낳고 있다 기적 소리는 긴 그림자를 끌며 언덕에 서 있다 강은 맨발로 가고 있다 바람이 불 때마다 피나무들이 울고 그때마다 바위도 함께 운다 설움이 꽃잎처럼 흩어진 물가에 굵은 모래도 소리 죽이며 울고 있다

# 인간만 자라지 않는다

4월은 추위와 싸우며 자란다 물 없고 햇빛 적어도 헐벗은 가지 사이 초록의 피, 초록의 손톱 내민다 그곳에 가려고 꽃망울 틔운다

5월 소나무는 세찬 바람 불어도 꺾이지 않는다 무명강은 바위 부수며 하늘로 흐른다 자라는 것들은 모두 제 몸을 버림에 부드러운 흙이 되고 풀과 가로등과 철모와 기계들도 모두 그곳에 가려고 생명의 족쇄 풀며 땀 흘리고 있는데

인간만 자라지 않는다 인간만 변하지 않았다 짓밟힌 들쑥과 짓눌린 의자도 살과 뼈를 용서 속에 묻고 맑고 밝은 그곳 향해 맨발로 가는데 인간만 버리지 않는다 인간만 욕망을 버리지 않는다

원숭이조차 눈물 흘리는 법과 어깨동무 하는 법을 익히고 있는데 인간만 총알을 만든다 텅 빈 꽁치 통조림 깡통도 그곳에 가려고 제 살 깎으며 붉은 눈물 흘리고 얇은 바늘조차 그곳에 가려고 제 머리에 구멍을 뚫고 대나무 자라는 소릴 듣고 있는데 인간만 귀머거리가 됐다 귀와 코 막고 돌아서 앉았다

3월에서 4월로 다시 5월에서 6월로 소금가마 진 당나귀
들이 신발과 고삐를 풀고 알몸으로 사막을 가는데 인간만
자꾸 돌리고 있다 엉뚱한 엉덩이만 돌리고 있다 뜨거운 감
자로 조개 밤새 까고 있다 수만 년 전 그때 그 몰골로 멈춰
서 있다

# 대나무는 단풍이 들지 않는다

붉은 바람 불어도 들지 않는다 망치가 두들겨도 들지 않는다 능금이 떨어져도 들지 않는다

대나무는 단풍이 들지 않는다

상자는 부서지고 풍선은 터지지만 대나무는 휘어질지언정 절대 단풍이 들지 않는다 달걀 옆 바가지가 깨지고 하얀 소금마저 썩어가는 지금, 깃털처럼 가벼운 마음들이 연기같이 날아올라 먼지처럼 사라져도

대나무는 단풍이 들지 않는다

아버지가 아직 아버지로 남아 있는 것은 등뼈를 잘 추스리고 있다는 것 함부로 영혼의 엄지발가락, 생각의 깊은 물굽이 드러내지 않고 있다는 것 땅 위를 기어가는 버러지들아! 쓰레기들아! 단풍이 들어버린 짐승들아! 걸레 쪼가리들아!

새끼발가락 때만큼의 햇살 한 줌이, 이 땅의 젖은 빨래 하얗게 말린다 초록으로 만든다 평화를 지켜간다 지난밤 별들이 지나간 어둠의 지붕을 보아라 그곳에 하얗게 슬고 있는 희망의 알들을 보아라

오! 대나무는 단풍이 들지 않는다

여우가 꼬리쳐도 대나무는 단풍이 들지 않는다 칼바람이
혈관을 갈갈이 찢어도 대나무는 절대 단풍이 들지 않는다
온도계처럼 쉽게 변하는 체온 없는 짐승들아! 대나무는 내
일도 푸르고 모레도 푸르다 붉은 노을 질 땐 더욱 푸르다

# 인도로 가는 길

　말가죽 구두 신고 인도로 간다 번쩍이는 구리 장식 흔들리는 구리 하늘, 기름이 번쩍이는 청계천 따라 코끼리도 코걸이도 없는 인도로 간다 간다는 것은 별이 되는 것 사리舍利가 되는 것 부처님과 하나님이 나란히 앉아 해장국 먹고 있는 인도로 간다 인도를 붕붕거리며 뛰어가는 젊은 부처들 청계천을 갠지스 강으로 알고 뛰어드는 광란의 불나비들 삭발도 하지 않는 채 배꼽을 드러낸 가짜 벌거숭이 보살이 만두를 만지작거리며 인도로 가는 그 골목길 뒤따라 인도로 간다 간다는 것은 물이 되는 것 바다가 되는 것 썩은 냄새와 검정 기름 흐르는 인도로 간다 끝없이 펼쳐진 붉은 연꽃 가게들 소금처럼 하얀 진흙마저 이젠 그의 나라에 들어갈 수 없는 인도 따라 밥통을 흔들며 인도로 간다 붉은 비닐끈이 탯줄처럼 엉켜 있는 인도 따라 멍키 스패너와 절삭기와 쇳가루가 범벅된 인도 따라 유행가가 흐르는 인도로 간다 푸른 보리수가 검은 거품 뿜어내는 청계천 따라 너도나도 끝없이 인도로 간다 찻길로 갈 수 없어 인도로 간다 간다는 것은 불이 되는 것 재가 되는 것 소처럼 일한 다음 기름이 되려고 기름 낀 인도 따라 인도로 간다

# 산머루꽃

1

"이리저리 뒤집을 필요 없다구 냄새가 지독해 거름이 되게 그냥 내버려둬"

작은 병사가 하얀 눈이 덮인 가슴에 귀를 대보더니 고개를 좌우로 흔들었다

차가운 날씨인데도 그들은 차가운 물을 벌컥벌컥 마셨다 수통이 입술에 쩍쩍 달라붙었다 날씨는 얼었다 불꽃마저 얼어붙을 만한 추위다 키 작은 병사는 북어처럼 딱딱해진 내 양말을 벗겨 모자처럼 귀를 감쌌다 멀리서 음악 소리가 들렸다 철모 사이를 뚫고 대포가 귓속에서 터졌다 바람이 쇠붙이 사이를 빠져나가는 소리가 씽씽 말처럼 빠르게 달렸다

"제기랄, 난 지독한 동상에 걸렸다구"

내가 중얼거렸지만 바람에 쓸려갔다 누구도 듣지 못했다 내 말은 건너편 오리나무 숲속으로 뒤뚱뒤뚱 오리처럼 사라졌다

살아 있는 진흙들의 콧김이 내 코끝에 부드럽게 스쳐 지나갔다 군화 소리가 산 아래로 점점 멀어져 갔다

나는 총을 들고 일어서려고 했지만 몸이 말을 듣지 않았
다 내 손과 총의 손에도 백설기같이 하얀 눈이 잔뜩 쌓여
있었다 내 손보다 총의 손이 더 따뜻했다 얼굴 위에도 콧등
에도 무릎 위에도 사타구니에도 탈지면 같은 눈이 쌓여 있
었다 36도의 낮은 내 체온으로는 도저히 눈을 녹일 수 없었
다 나는 점점 딱딱하게 굳어갔다 나는 얼음처럼 딱딱해지
고 있었다 무거웠던 머리는 고무풍선처럼 가벼워지며

2

나는 오리나무들이 무성한 숲의 한가운데 누워 있었다
나무들은 진흙들처럼 총을 들고 있지 않았다 철모도 쓰지
않았고 화약 냄새도 나지 않았다 나는 종달새 울음소리를
내며 숲의 한가운데 진흙처럼 누워 있었다 언덕 너머에서
는 여전히 대포들의 합창 소리가 들려왔다 아직도 진흙들
의 전쟁은 끝나지 않은 모양이다 사철나무 위에 쌓였던 눈
들이 대포의 리듬에 맞춰 바람 사이로 빠져 달아났다 진흙
벽들이 무너지는 소리도 들렸다 사철나무 잎 위의 햇빛이

아래로 떨어졌다

3

날씨가 따뜻해질수록 머루나무 뿌리는 더욱 끈질기게 왼쪽 동공을 파고 들어왔다 뼈와 뼈 사이에 있던 피와 땀이 진흙이 되어갔다 얼굴에 묻어 있던 끈적끈적한 소금은 어느새 초록으로 변했고 구멍 난 옷 사이로 잔뿌리가 들어왔다 이빨은 점점 진흙과 멀어지며 흰 구름이 되어갔다

산고양이들이 낡은 군화 사이로 어둠의 꽁무니를 따라다니는 것이 보였다 내 왼쪽 가슴에 박힌 콩알만 한 구리 보석은 이미 꽃잎이 되었다

머루나무 넝쿨은 목을 한 번 더 깊게 조르더니 하늘로 힘차게 뻗어올랐다 멀리서 다시 대포 소리가 들렸다 대포 소리는 진흙이 우는 소리다 숨쉬지 않고 들으니 그 소리는 발소리다 점점 가까이 들려왔다 차가운 군화가 내 머리를 밟고 지나갔다 내가 움직일 수 없는 진흙이 됐다는 것을 움직이는 진흙들은 알지 못했다 군화를 신고 선 진흙들은 군화

를 신고 쓰러진 진흙을 기억하지 못했다

　군화가 다시 내 왼쪽 옆구리를 밟고 지나갔다 차가웠다 뜨거운 피를 가진 짐승의 밑바닥인데 너무 차가워 나는 뻗었던 팔을 바짝 움츠렸다


　4

　"여기도 있어"

　화약 냄새가 밴 억센 손이 내 목걸이를 힘껏 잡아당겼다 녹슨 목걸이는 썩은 진흙더미에서 후드득 뜯겨져 나갔다 난 이미 산머루 냄새를 가지고 있었다 난 소리 없이 말했다

　"그까짓 번호가 무슨 소용이 있담" 나는 꽃이 흙으로 빚어진다는 것을 알고 난 이후 그까짓 썩은 번호는 소용이 없다는 걸 말해주고 싶었다

　나는 내가 터득한 진리를 알려주고 싶었지만 이번에도 내 목소리는 오리나무 숲속으로 오리처럼 뒤뚱뒤뚱 기운없이 사라졌다 군화들이 어지럽게 내 머리를 밟고 다녔다

　"이것 봐. 머루가 열렸어"

진흙들은 내 피와 살을 따서 게걸스럽게 입에 털어넣었
다 진흙들의 입술은 금세 썩은 진흙의 피로 붉게 물들었다
내 배와 손등과 어깨 위로 까만 머루 씨가 뚝뚝 떨어졌다
나는 내 바람 빠진 허파를 밟고 있는 화약 냄새 나는 군화
를 치워달라고 소리쳤다 이번의 내 목소리는 녹색 바람에
잠겨버렸다 내 두 눈에 머루즙 같은 눈물이 주르르 흘러내
렸다 진흙들의 발소리가 오리나무 숲 너머로 뒤뚱뒤뚱 사
라져갔다 머루알만 한 눈물이 뚝뚝 산머루꽃 아래로 떨어
졌다 향기로운 산머루꽃 냄새를 품은 바람이 언덕 너머로
사라졌다

# 24명의 도적

도적이 있다 24명의, 양철로 만든 작대기를 들고 하나는 짧고 하나는 길고 하나는 빠르고 하나는 느리고 뻐꾸기 울음소리를 내며 소금 바른 비스킷처럼 얇은 톱니바퀴와 작은 나사를 밀며 얼굴 위로 그래, 지구의 콧구멍 위로 달린다 주름 주머니를 만들어 진흙 사이로 달린다 달린다, 그래! 사정없이, 맞아! 인정사정없이 한 손에는 자루를 들고 한 손에는 회중전등을 들고 단거리 육상 선수처럼 심판도 없이 점심도 거른 채 올가미를 들고 일정한 간격으로 일렬 횡대로 늘어서서 앙상한 가로수처럼 군번을 목에 건 성난 진흙처럼 아라비아 숫자처럼 다리는 직선인데 흐르는 물처럼 채찍을 들고 아니, 채찍이 아니다 올가미 아니, 올가미가 아니다 따뜻한 털목도리 옳지, 따뜻한 털목도리를 두르고 달려간다 그래, 지구는 둥글어서 앞으로 달리는 방법만 있지 나무판자처럼 딱딱하게 굳은 빵 찾아 싸늘하게 식은 양철 지붕 위로 그래, 하늘엔 신이 살아 달려도 닿을 수 없지

24명이다 도적이다 이상하다 체온계만 훔쳐간다 은빛 여우 목도리와 물방울 다이아몬드와 황금 송아지 그대로 두고 맑은 눈동자만 요구한다 도적들은 24명, 항복을 요구

한다 칼 들지 않고, 다시 세어 봐도 정확히 24명, 떨어지지 않고 일렬종대로 일정하게 찾아와 담을 넘는다 복면도 하지 않고 볶음밥처럼 뒤섞이지 않고 뻐꾸기 울음소리를 내며 말라빠진 문 사이로 삐걱이는 소리를 내며 삐걱이는 널빤지 위로 고양이처럼 살금살금 양철 지붕 위를 걷는 도둑고양이처럼 낮에도 밤에도 목을 조른다

일곱 번째 도적이 목을 조른다 그렇지, 인간의 목은 하나님이 사막을 지나가다 목이 말라 잠시 파놓은 임시 우물이지 굴뚝을 막으면 연기는 어디로 빠진담! 제기랄!


여덟 번째 도적은 가죽 헝겊을 집어 들고, 아홉 번째 도적은 감자 담은 부대를 그래, 허파는 산소 대신 눈물을 마셔야 움직이지 신이 던져버린 진흙부대는 역전에서 서성이는 나이 먹은 창녀의 가랑이처럼 언제나 쉽게 벌려지지 세 번째 도적은 얼음처럼 식은 아이의 털모자를, 다섯 번째 도적은 늙은 여가수의 목소리를 향해 달려든다 그들은 24명, 모두 도적이다 도적, 도적, 도적, 도적, 도적, 그래, 어렵게

죄어놓은 나사를 장난하듯 풀어버리는 심술쟁이 도적, 잘 움직이는 장난감의 태엽을 엉망으로 만들어버리는 도적, 욕심쟁이 하나님은 지금 무얼 하고 계실까? 알전구들이 24시간 감시하는 공장에서 고픈 배를 움켜쥐고 미싱질 하고 계실까?

24명이다 도적이다 거머리처럼 목에 달라붙는다 장물아비도 없이 금고 열쇠도 없이 풍만한 젖을 동태로 만들고 물과 피가 흐르는 기계를 멈추게 하는 망나니 짓이지 암, 제기랄! 그렇고말고 악마의 윗입술과 천사의 아랫입술은 언제나 함께 오므려지지, 들키지 않는 도적, 나눠준 얇은 담요 한 장 다시 회수해 가는 도적, 하늘 저편의 깊고 어두운 창고에 허파를 폐품처럼 쌓아두려고 일렬로 서서 일렬횡대 일렬종대 아니, 마구 흩어져서 구령에 맞춰 뻐꾸기 울음소리를 내며 뼈다귀와 뼈다귀 사이로 분홍빛 비계덩이를 젓가락처럼 부러뜨리려고 열한 번째 도적이 아니, 열두 번째 도적, 아니 열세 번째, 아니! 순서도 없이 웃으며 재빠르게

칼도 들지 않고 마차는 계속 먼지를 날리며 산맥 사이로 도망가고 말똥구리는 계속 말똥만 굴려도 저기, 진주 목걸이를 한 불씨가 꺼지고 있다 스물세 번째 도적의 전리품이다 아니, 스물두 번째, 아니 스물한 번째 아니! 스물네 번째 도적의 노획물이다 일렬로 서서 일렬종대로 서서 올가미를 들고 콧노래를 부르며 장난감을 가지고 장난을 치듯 살금살금 뒤꿈치를 들고 오래된 친구처럼 제기랄!

# 쇠기러기는 울면서 그쪽으로 날아간다

쇠기러기는 울면서 남쪽으로 날아간다 공장에서 가게와 책상과 부엌에서 남쪽으로 그쪽으로 떼지어 날아간다 홀로 살 수 없는 마을 위로 눕거나 기어서 남쪽으로 날아간다 한 뼘의 따뜻한 흰빛이 싱싱한 비린내로 묻어나는 저 남쪽, 그분이 지고 간 나무 십자가같이 영원히 썩지 않을 그쪽, 평등의 호수 향해 쇠기러기는 울면서 날아간다 고슴도치들이 어깨동무로 살아가는 저 푸르른 나라로 쇠기러기는 울면서 밤에도 날아간다

쇠기러기는 울면서 흙 속으로 날아간다 땀에 젖은 허리들의 땀 흘리지 않는 늑대들의 목덜미 향해 쇠기러기는 울면서 흙 속으로 날아간다 부드러운 발톱 따뜻한 깃털 빛나는 희망 품고 흐르는 빗물처럼 떼지어 날아간다 한밤에 쏟아지는 당나귀 웃음소리 청맹과니들이 사는 어둠의 세상 떠나 그분이 바느질한 이불 덮고 사는 곳 하늘빛이 무릎을 꿇고 사는 곳 썩지 않는 겨자씨와 복음이 있는 땅으로 쇠기러기는 울면서 남쪽으로 날아간다 모래산 어둔 강 뚫고 울

면서 그쪽으로 날아간다

# 바늘구멍 앞의 타조

　타조가 잔다 깃털도 없이 이불도 없이 초원에 핀 모래꽃 옆에 쓰러져 잔다 꿈속에서조차 빠져나가기 힘든 구멍의 세상, 신기루의 세상 등나무같이 휜 허리, 메주처럼 갈라터진 발등, 오아시스 없는 바늘구멍 앞에서 타조가 잔다 아버지가 잔다 녹슨 기계가 쓰러져 잔다

　신발도 없이 희망도 없이 타조가 낙타처럼 잔다 절망을 솜이불처럼 덮고 하늘이 잔다 꿈속에서조차 모래 언덕을 기어야 하는 바늘구멍 앞의 세상, 멍텅구리의 세상, 나무 두레박이 내려오지 않는 썩은 동아줄의 세상, 바늘구멍만한 희망 끌어안고 대들보가 잔다 털털거리는 경운기가 쓰러져 잔다

# 진흙의 집

늙은 조랑말이 침 흘리며 간다 소금을 지고 진흙 밟으며
대나무 그림자 사이로 방울 흔들며 썩은 진흙밭으로 간다
코뚜레는 코에 걸려 있지만 조랑말 귀는 옥수수 이파리처
럼 흙에 박혀 있지 않다

젊은 조랑말이 지나간다 등에는 병든 성자聖者가 실려 있
다 흙은 물속에서 무겁고 불속에서 더욱 무겁다 좌우를 둘
러보아도 창문이 달린 집들은 보이지 않는다 저쪽으로 끌
려간 늙은 조랑말 뒤를 좇아 딸랑딸랑 고개 흔들며 따라가
는 젊은 조랑말, 엄나무 코뚜레는 누가 풀까 밧줄을 끊어도
길은 찾을 수 없다

말들은 밥 대신 흙을 먹는다 홍당무 대신 홍당무처럼 붉
은 진흙을 씹었다 말들의 말발굽 소리는 바퀴가 굴러가는
소리처럼 처량하다 담이 높은 집의 여물통은 기름이 흐르
고 조랑말들의 표정은 딱딱한 진흙처럼 굳어 있다 바퀴가
구를 때마다 불쌍한 진흙은 노예처럼 운다 굳지 않은 진흙
은 이미 떠날 채비를 끝냈다 붉은 진흙들의 코에 걸린 엄나
무 코뚜레에는 차가운 새벽이 매달려 있다

조랑말들이 지구를 밀고 간다 진흙들이 밀고 간다 진흙을

밟으며 진흙 쪽으로 간다 서로 다른 방향으로 가고 있지만 지구는 둥글기에 모두 한 곳에서 만난다 따뜻한 진흙이 차가운 진흙을 거쳐 부드러운 진흙이 될 때 하늘 한 귀퉁이에 낡은 진흙의 집을 지을 것이다 누구나 진흙이 되어 진흙의 집에서 만날 것이다 그러나 조랑말은 언제나 홍당무 대신 딱딱한 진흙을 씹고 따뜻한 솜이불 대신 차가운 진흙의 바위를 덮고 잔다

코가 꿰인 조랑말이 태양의 마차를 끌고 간다 길은 온통 검은 진흙이다 엄나무 코뚜레는 어디서 풀까 시계를 뒤집어 봐도 찾을 수 없다 조랑말이 바퀴를 굴리는 시대는 진흙이 덧칠해진 영화처럼 불행한 시대, 어두운 골목에는 조랑말들이 뱉어놓은 말의 갈퀴들이 횃불처럼 타오르지만 내일이란 향기 없는 과일이고 끌려가는 진흙들의 짜디짠 소금 눈물을 모른다 엄나무 코뚜레는 언제 풀릴까

조랑말들이 길을 내려가고 있다 펜과 괭이를 들고 진흙을 밟으며 진흙판으로 코가 꿰어 끌려가고 있다 신은 게으른 마부처럼 초상집 노름판을 기웃거리고 조랑말들은 신을

조롱하듯 신의 두꺼운 입술에 뜨거운 오줌을 갈긴다 조랑
말도 코뚜레도 모두 진흙으로 만들어졌고 신도 역시 진흙
이지만 코에 걸린 엄나무 코뚜레는 언제 풀릴까 진흙을 계
속 뒤집어봐도 찰흙이 없다

# 원숭이는 자꾸 기어오른다

밤이다 가로등도 눈 감고 잠든 창백한 밤, 강물도 피곤해서 철다리 붙잡고 잠든 밤이다 붕붕대던 만원 버스도 차가운 바퀴 껴안고 잠든 밤, 아주 깜깜한 밤

원숭이는 자꾸 기어오른다 바나나가 달리지 않는 나무 위로 기어오른다 기어오르던 원숭이는 아버지가 되고 새벽은 산 너머 어둠 속에서 코코아 열매처럼 딱딱한 태양의 껍질 벗기고 있다

밤이다 아주 차가운 밤, 처마 끝에 달린 고드름들이 서로 껴안고 몸 녹이는 차가운 밤, 늙은 고양이와 흔들리던 갈대도 잠이 든 가로수조차 너무 피곤해 누워서 잠이 든 아주 지친 밤

원숭이는 지금도 기어오른다 사다리도 없는 하늘로 자꾸 기어오른다 다 닳은 지문과 손톱을 세워 출구 없는 창문 위로 기어오른다

밤이다 아주 우울한 밤, 긴 꼬리 감추고 쥐들도 잠든, 늙은 늑대와 귀걸이를 한 여우들이 깊이 잠든 아주 끈적끈적

한 밤

원숭이는 땀 흘리며 기어오른다 두부 장수 종소리가 교회 종소리에 섞여 흩어지는 밤, 원숭이는 자꾸 기어오른다 조개가 붙어 있지 않은 바위 위로 기어오른다 어둠은 저 산 너머에서 무명실로 엮은 올가미 들고 올라오길 기다리고 있다

# 낮게 나는 새가 자세히 본다

물들이 깃털을 버리고 뼈 찾아 얼음 속으로 바퀴 밑으로 날카로운 발톱 감추고 알몸으로 날아간다 흙의 동굴은 솜처럼 부드럽다 생명의 경쾌한 악보는 더러운 신발 밑에 그려져 있고 코끼리를 탄 동자의 속눈썹은 도라지처럼 하얗다 사자들은 왜 대리석 이빨을 드러내고 천 년 동안 울부짖는가 어둠 타고 언덕 기어오르던 햇살의 손이 바짝 오므라들 때 낮게 나는 새가 자세히 본다

높게 나는 새는 멀리 보지만 낮게 나는 새는 정확히 본다 높게 나는 새는 굴뚝 밑 그림자 볼 수 없지만 낮게 나는 새는 장롱 밑 댕기의 사연까지 잘 안다 높이 나는 새는 큰 것 보지만 낮게 나는 새는 자세히 본다 싸리나무 회초리들을 휘두르는 손목, 거품처럼 떠오르는 깡통들의 아우성, 고무신을 끌고 가는 채찍의 노랫소리, 진흙에 묻힌 연꽃들의 귓밥 터는 소리, 저녁 햇발의 잦은 박동소리 뿌리는 같아도 다른 꽃잎이 피는 딱딱한 진흙의 밑바닥까지 낮게 나는 새가 자세히 본다

낮게 나는 새는 골목에서 길목까지 버려진 늙은 고양이의 눈물 볼 수 있다 말뚝과 말뚝 사이 녹아든 철망의 신음

소리 들을 수 있다 광주에서 평양을 오가며 색칠하는 잎새
들의 장구 소리 들을 수 있다 높이 나는 새는 눈이 크지만
낮게 나는 새는 귀까지 크다

첫사랑에 실패해본 사람은 더욱 잘 안다

# 하얀 땀, 검은 타르의 길

　팔을 돌린다 다리 밑에서 땡볕 밑에서 팔이 빠져라 팔을 돌린다 길이 생긴다 여름이다 날씨는 무덥다 아직 찢어지지 않은 새벽은 두꺼운 군용 담요를 뒤집어쓴 듯 잉크빛이다 여름이다 목과 허리를 목욕시키는 무더운 바람이 허기진 내장을 훑으며 지나가는 여름, 오후 3시의 여름, 날품팔이 선풍기들은 다리 밑에서 신발 밑에서 팔을 돌린다 길을 위해 목을 위해 밥을 위해

　땡볕 밑으로 다리 밑으로 검은 고무장화 밑으로 검은 떡처럼 생긴 타르의 길이 생기고 있다 낡아 탈탈거리는 선풍기 팔이 소금같이 짠 땀을 흘릴 때 뱀처럼 검은 길은 길어져 간다 날씨는 무덥다 팔을 돌린다 여름은 가끔씩 어지러운 상황을 만들지, 파리도 모기들도 그늘 밑에서 쉬고 있는 한여름의 오후 3시, 무덥다 선풍기들은 흘린다 땀을 피를, 피곤이 길면 길수록 길은 길어져 갔다 땀은 길을 만들고 땀은 먹이를 만든다 날품팔이는 맨손뿐이지만 작업반장은 손에 무엇인가를 들고 있다 채찍이다 주인도 목에 무엇인가를 감고 있다 넥타이다

　다리 밑으로 땡볕 밑으로 검은 타르의 길, 소금의 길이

생긴다 길은 점점 더 까맣고 땀은 소금처럼 하얗다 길은 땀으로 만든다 소름으로 만든다 먹이를 달라는 어린아이들의 마른 입이 만든다

길은 점점 길어져 갔다 채찍 밑에서 검은 장화 밑으로 길은 생긴다 길은 뜨겁다 검은 타르는 좌우의 싱싱한 풀과 흙을 짓밟고 잡아먹으며 목을 늘려간다 날씨는 무덥다 여름이다 시원한 바다가 그리운 한여름의 오후 3시, 작업반장은 더 힘껏 휘두른다 늙은 선풍기들은 점점 더 빨리 삽을 놀린다 날씨는 무덥다 여름이다 검은 타르의 길은 용광로처럼 달아올랐다 이제 막 화덕에서 꺼낸 뚝배기처럼 부글부글 끓었다 선풍기들의 마음도 모두 차가운 중오로 부글부글 끓었다 조금만 더 돌리다가는 깨질 것 같다 선풍기들의 어깨와 손은 이미 익었다 붉게 익었다 태양도 길도 내일도 모두 벌겋게 익었다 속까지 희망까지

다리 위로 날씬한 다리가 지나간다 다리와 다리 사이로 꽃이 보인다 분홍빛이다 3월의 분홍빛, 주둥이가 흐물흐물해진 고무장화가 중얼거렸다 "나도 한때는 분홍 입술을 좋아

했지" 채찍은 듣지 못했다 너무 작은 소리였으니까 눈물이 묻어 있었으니까

알사탕만 한 땀은 검은 장화 위로 검은 타르의 길 위로 계속 쏟아졌다 길 위로 검은 길 위로 목구멍을 위해 연탄을 위해 쌀독을 위해 풀과 나무와 흙의 얼굴 위로 땀은 계속 쏟아졌다 여름이다 시원한 바다가 그리운 오후 3시, 여름 이다 날씨는 무덥다 바람은 더운 입김을 뿜으며 딱딱한 빌딩 옆으로 딱딱한 다리 위로 헉헉대며 지나갔다 버스도 다 닳은 다리를 끌고 다리를 지나갔다 버스는 모른다 길이 땀으로 만들어진다는 것을 땀을 배 밑에 깔고 검은 타르의 길이 생긴다는 것을

날씨는 무덥다 여름이다 한낮이다 흘린다 땀은 불어터진 보리알처럼 툭툭 떨어졌다 다리 밑으로 소금의 길, 검은 타르의 길은 끝없이 이어진다 선풍기는 멈출 수 없다 시계처럼 바퀴처럼 앞으로만 달릴 수 있다

병아리 빛깔의 아이들이 팔을 흔들며 지나간다 노래 부르며 팔을 흔들며 "나도 한때는 병아리였지" 검은 고무장

화가 중얼거렸다 채찍은 이번에도 듣지 못했다 채찍을 들고 있으니까 눈물이 묻어 있으니까 장화는 눈물을 흘렸다 땀을 흘리며 팔을 흔들며 아주 나직하게 하늘도 알지 못했다

날씨는 무덥다 땀이 비 오듯 쏟아진다 길은 점점 더 뜨겁다 한여름이니까 한복판이니까 소금길의, 검은 인생의 한복판이니까 여름이다 시원한 바다가 그리운 오후 3시의 여름, 하얀 땀, 검은 타르의 길이다

# 오전 10시에 배달되는 햇살

네모난 태양이 네모난 나뭇잎 향해 달린다 네모난 태양은 네모난 물방울을 네모난 레몬의 상자에 담아 숨 가쁘게 지상으로 배달한다 네모의 집에는 아직 네모난 우유, 네모난 신문이 배달되지 않았고 네모난 이슬은 네모난 별이 되기 위해 투명한 웃음을 버리지 않았다 어젯밤에 배달된 삼각의 어둠은 벌써 달의 옷을 입고 네모난 씨앗 속으로 숨어 버렸다

오전 10시에는 네모난 아이들이 햇빛의 가장 네모난 핏줄을 뽑아 네모난 스웨터를 짜고 있다 오전 10시에 자전거 바퀴와 함께 굴러가는 네모난 햇살은 생각만 해도 오줌이 마렵다 그 햇살을 끌어안고 네모난 흙상자 속에 들어가 실컷 젖을 빨며 네모난 잠을 즐기고 싶다 오전 10시의 햇살이라면 네모난 어둠의 신발을 신은 무거운 바위도 금방 껍질을 부수고 나와 날카로운 발톱을 가진 네모난 하늘새가 되어 날아갈 수 있다

어제 밤새 울며 헤매던 밤고양이도 수염이 네모나 있다 아, 하! 하! 하! 밤새 쏘다니더니 수염이 네모내졌구나 네모난 굴뚝으로 드나들어 그럴까? 네모난 생선을 훔쳐 먹어서

그럴까? 아버지의 연장이 네모난 가죽으로 덮여 있어서 그럴까? 네모난 수염을 가진 네모난 고양이는 네모의 집에 들어가지 못해 네모난 들창 밑에서 쭈그리고 앉아 똑똑 네모난 눈물을 떨구고 있다 신이 공평하게 나눠준 얇은 담요 한 장을 들고 네모난 비를 맞으며 덜덜 떨며 죽을 먹고 있다

네모난 태양이 네모난 상자들이 쌓여 있는 상자의 들판으로 떠오른다 오전 10시에 지상으로 배달되는 햇살은 둥근 상자의 추억을 지워버린다 네모난 세계의 아침은 물빛이며 네모난 상자의 저녁은 불빛이다 그 사이를 네모난 장난감들이 부푼 심장과 텅 빈 허파를 매만지며 빙빙 돌다 진흙이 된다 네모난 새들은 깃털을 뽑아 너구리에게 주고 너구리는 수염을 뽑아 나뭇잎에게, 나뭇잎은 나뭇잎에 구르는 이슬의 피를 새에게 주자 햇빛 속의 진흙들은 조금씩 부풀어지거나 일그러지며 네모난 흙이 되어간다

네모난 태양이 슬금슬금 굴뚝 위에 걸어 올라가더니 걸어가는 진흙을 향해 노랗게 따뜻한 귤을 던지고 있다 신이 가진 시계는 레몬처럼 새콤하지 않고 늘 삶은 감자처럼 물

컹물컹 뜨겁다 신은 네모난 장난감들을 가지고 놀기가 너무 재미나 진흙들이 눈물 흘릴 줄 안다는 사실을 오래 전에 잊어버렸다 진흙으로 빚어놓은 지 하도 오래되었으니 잊을 만도 하다 요즘 신은 건망중이 심하다 신의 피와 진흙의 피는 어떻게 틀릴까? 신도 진흙처럼 허파로 숨쉴까? 신은 진흙들의 체온이 쇠처럼 차가워지고 있는 걸 모르고 있다

네모난 태양이 둥근 굴뚝을 거쳐 다시 네모난 아궁이로 내려온다 아, 하! 하! 하! 신의 엉덩이가 원숭이 볼기짝처럼 빨갛다 나무의 뼛가루를 홀딱 뒤집어썼다 연탄집게는 입을 너무 벌리고 웃다 입이 자루만큼 찢어졌다 주전자는 참다 못해 하나밖에 없는 네모난 눈으로 네모난 증기를 줄줄 흘린다 아, 하! 하! 하! 우습다 신도 세상이 밝으면 실수를 한다 굴뚝새가 결코 굴뚝이 될 수 없고 할미꽃은 언제나 자식이 없고 통조림 깡통은 언제나 배가 고프고 손톱이 머리칼이 될 수 없는, 아, 하! 하! 하! 신의 실수, 엉터리 같은 신의 장난, 겁을 먹은 네모난 태양이 엉금엉금 다시 네모난 어둠 속으로 기어간다 시커먼 윗옷을 벗고 양말도 벗고 저런! 저

럴 수가! 신의 가슴이 진흙처럼 메말라 있다

# 낡은 구두 한 짝
―혼자인 사람들을 위해

낡은 구두 한 짝 울고 있네 뒤축이 너무 닳아 울고 있네 눌려진 깊이만큼 마른 눈물 흘리네 강철은 지푸라기처럼 쉽게 꺾어지고 문 없는 햇살들은 시간의 집으로 가라앉고 있네

한쪽은 길고 한쪽은 짧은 24개의 풍향계가 하늘 보며 돌아가고 있네 꺼진 램프를 들고 늙은 여인처럼 돌아가고 있네 개개비들은 얼어붙은 부리로 여전히 겨울 노래 부르고 쓰러진 보리수나무 위에는 싸락눈이 서로를 밀어내고 있네 찌르레기들은 신의 썩은 머리를 부지런히 쪼아대고 청동빛 갑옷 입은 구리 주전자들과 이글대는 눈빛의 붉은 꼬챙이들은 푸른 세상 향해 녹슨 비늘 뜯어내고 있네

끌려가다 터져버린 우리들의 야윈 구두는 갈대숲에 걸려 있네 억새꽃이 되어 피리처럼 구멍으로 소리 내며 우네 모든 구멍 다 닫아놓고 소리 내어 우네 바위 밑 꽃씨들도 소리 내며 울고 낡은 우리들의 장갑도 이리저리 뒹굴다 마른 등불 붙잡고 소리 없이 우네 얼음처럼 차가운 눈으로 수정 눈물 뿌리네 하늘 쳐다보며 신발 한 짝 들고 알몸으로 외롭

다고 서럽게 우네

# 검은 악보

나무들이 따라와요 나를 데려다줘요 나를 데려다줘요 진흙들이 연꽃들이 울부짖고 있어요 난, 나는 바람 나무, 한 그루 뿌리 없는 짚시의 나무

나는 혼자 갈 수 없어요 바람의 집, 벽난로가 식은 눈물의 집에 데려다줘요 햇빛이 뜨거워 갈 수 없어요 나를 데려다줘요 나를 저쪽으로 데려다줘요 모래 위에서 꾸는 꿈은 쉽게 부서지죠 나의 춤을 여기서 멈추게 해줘요

늙은 나무들이 나를 따라와요 제발 나를 데려다줘요 숲은 죽었어요 싫어요 식은 눈물이 날카로운 발톱이 된다는 것을 차가운 유리창은 이미 알고 있지요

자꾸 찾아와요 나무들이 나를, 나를 자꾸 쫓아와요 휘감아 꽃피우는 작은 넝쿨조차 발목을 붙잡아요 별들이 자유롭다는 것은 어둠을 껴안고 있기 때문이지요 나를 데려다줘요 나무들이 나를 따라와요 나를 데려다줘요 나를 데려다줘요 망가진 악기들이 검은 악보를 연주해요

# 나무 전봇대야, 울지 마

나무가 서 있다 아가씨가 서 있다 살아 있는 나무 사이로
키 큰 아가씨가 서 있다 죽은 나무가 서 있다 나무 전봇대
야, 울지 마 달이 말했다 달빛이 말했다 금빛 이불을 덮어
주며 말했다 기찻길 사이 사람들 사이 나무들 사이로 바람
이 지나갔다 겨울이 지나갔다 키 큰 아가씨가 길고 검은 머
리칼 늘어뜨리고 잉잉 울고 있다 눈물을 흘리며 꽃가방을
열고 있다 자물쇠를 끼우고 있다 어둠으로 잠긴 세상 창문
마다 살 냄새 나는 은방울꽃 배달하고 있다

나무가 서 있다 밤부엉이 울음소리 들으며 죽은 나무가
서 있다 죽은 나무 사이에 살아 있는 나무가 손들고 서 있
다 기린처럼 키 큰 아가씨가 서 있다 가슴엔 얼룩이 묻어
있다 기다림의 얼룩이 묻어 있다 어두운 얼룩 속에서 아가
씨가 울고 있다 나무 전봇대야, 울지 마 강이 말했다 강물
이 말했다 은빛 물목도리 감아주며 말했다 전깃줄 사이 사
람들 사이 나무들 사이로 겨울이 지나갔다 젊음이 지나갔
다 키 큰 아가씨는 움직이지 않았다 대지의 젖 빨지 못해
다리가 굳어 있다 가늘어진 다리로 욕망이 가득 찬 물건을

열고 있다 어둠을 열고 있다 빗장 걸린 세상의 창고마다 비릿한 생선을 배달하고 있다

 나무가 서 있다 죽은 나무가 서 있다 죽은 나무 밑에 죽은 마음이 서 있다 살아 있는 나무 사이 죽은 나무 사이 녹슨 얼굴이 지나갔다 어느 젊음의 전사 통지서를 전하는지 나무들이 잉잉 소리 내며 운다 나무가 울 때마다 떠돌이별이 울고 키 큰 아가씨도 깜빡깜빡 운다 눈물이 떨어지면 강물은 줄고 달빛은 점점 늙어갔다 나무 전봇대야, 울지 마 상수리나무가 말했다 신이 만들다 버린 인간의 눈깔 같은 떨어진 열매가 말했다 서서 자나 누워 잠드나 흙 속에서는 모두 물이 되었다 쇳가루가 꽃가루처럼 컴컴한 도시를 날아다녔다 나무들이 앙상한 뼈를 부딪치며 울고 있다 모두 울고 있다 전깃줄 속에 잠든 구리철사도 슬프게 울고 있다 나무가 서 있다 잉잉 울부짖으며 전봇대가 서 있다 모두들 서 있다 나무 전봇대야 울지 마, 뼈 있는 나무가 말했다

# 놀이터 그늘에서 그네를 타는 어른들

초록빛이 콘크리트 콧김에 죽어간다 쇠뭉치 사이로 코피를 흘리며 쓰러진다 밥통이 큰 짐승들은 그 곁의 놀이터 그늘에서 한가롭게 그네를 타고 있다

그네를 타고 있는지 그늘을 타고 있는지 땅의 푸른 기운은 작열하고 있다 썩은 기름에 묻혀 투명한 햇살의 이마를 벽에 박고 있다 코가 썩었다 콘크리트의 목이 넝쿨장미처럼 자랐다 그들은 도마뱀 꼬리처럼 잘라도 다시 자랐다 물고기의 등은 휘고 비닐은 투명한 탯줄로 참흙의 목을 휘감았다 질식하는 생명들, 녹지 않는 뼈와 삭지 않는 머리칼, 손톱은 이미 빠져 있다 콘크리트는 지구의 심장까지 내려가 단단한 못을 박았다 길게 늘어진 검은 전깃줄의 혓바닥, 까마귀도 먹지 않는 질긴 비닐 주머니들, 불빛에 던져진 이슬이 오슬오슬 떨다 검은 거품을 물고 죽는다 강낭콩들은 더 이상 경쾌한 악보 위를 걸어 다니지 않는다 하늘은 샘물을 기억하지 못하고 플라타너스도 플라스틱의 거머리 같은 손길에 잡혀 있다 등 푸른 생선들은 납빛을 띠고 있다 놀이터 그늘에서 그네를 타고 있는 어른들은 한가하다 그네가 왔다 갔다 할수록 공기는 딱딱해졌다 메마른 도시에 다시

그네가 흔들리고 도시는 점점 딱딱해졌다

# 널빤지들은 톱질을 기다린다

널빤지들은 톱질을 기다린다 심장에 뾰족한 쇠못이 박히길 고대한다 편지가 우표의 힘으로 배달된다고 믿는 어리석은 목수의 눈빛을 보라 옹이진 널빤지조차 밤에도 야금야금 제 갈비뼈를 무딘 공기의 칼로 깎아낸다 흙으로, 가고 있다

뾰족한 쇠못들은 머리통을 신나게 얻어맞기 위해 망치질의 강약을 흥분하며 기다린다 어리석은 목수는 목이 긴 기린처럼 시간의 톱날 사이를 재빠르게 달린다 혁대를 맨 짐승들은 아무것도 모른다 빈 자루에 쌀만 퍼넣는 물건들은 모른다 평면이 잘라져야 공간이 된다는 것을

꽃은 한 번 핀 자리에서 다시 꽃을 피우지 않는다 나무는 한 번 가지를 뻗은 방향으로 다시 몸을 뻗지 않는다 발이 더러운 돼지들은 모른다 얻어맞는 기쁨, 잘려지는 고통 뒤에 평안한 공간이 기다리고 있는 것을, 차가운 못들은 얻어맞기를 싫어하고 젊은 널빤지들은 톱질을 거부한다

# 가을 섬

가을 섬에 편지를 보냈다 우표 대신 눈물을 붙였다 소금이 묻어나는 사연을 적으면 글씨가 하얗게 울고 있었다 답장은 바다에서 파도가 되고 조개들은 상처로 곱게 쌓였다 차가운 모래처럼 천 년을 쌓였다

기다림은 영화처럼 흐려져 갔다 보고 싶은 얼굴은 구름이 됐다가 지워버리면 또렷한 사진이 되었다 배로도 갈 수 없는 가을 섬에 매일 밤 그에게 전보를 친다 그리운 얼굴을 밤마다 그리며

# 늙은 자전거도 체인을 감고 산다

자전거가 서 있다 바람 빠진 바퀴 옆에 녹슨 다리를 간신히 들고 해체를 기다리고 있다 침 흘리는 연장 상자 옆에 체인을 감고 흐린 눈동자를 굴리며 혼자서 그래, 우리는 언제나 혼자이지 쇠망치로부터 탈출을 꿈꾸며 녹버짐이 핀 머리 내밀고 늙은 희망은 모두 딱딱해진 밀가루처럼 굳어 있지만 그래, 늙은 자전거들의 미래란 중국 요리같이 내놓자마나 금방 식어버리지

자전거가 서 있다 아주 늙어서 앞니가 빠지고 앞날도 깨져 콜록콜록 기침을 붙잡고 쿨럭쿨럭 연기조차 빠지지 않는 목구멍 질질 끌며 내동댕이치지 못하는 바람 주머니 같은 가슴을 안고 싱싱한 자전거들의 틈바구니에서 부러진 안경을 쓰고 하지만 늙은 자전거도 체인을 감고 산다 그것마저 없다면 절벽 밑으로 구를 테니까

자전거가 서 있다 쭈글쭈글한 힘줄이 툭툭 불거져 나온 늙은 자전거다 더위가 라면 봉지를 완강한 짐승처럼 물어뜯는 허기진 거리 위에 체인을 감고 그래, 쇠사슬에 묶여 저런, 뒷바퀴는 눈곱 낀 늙은 개의 오줌통이 되어 두 손은 떨리고 핏기도 없이 그래, 진짜 전등은 바다에 있지 넓고

편편한 갈비뼈 밑에 하나님의 손전등은 잠들어 있지 발이 묶인 채 사형수처럼 뒤집히지 않고

제자리에서 빙빙 돌고만 있는 지구처럼 그래, 지구는 거대한 감옥, 삶은 매를 맞아야 돌아가는 팽이와 같지, 하지만 늙은 자전거도 체인을 감고 산다 자전거는 달려야 하니까 쓰러지지 않은 자전거는 아직 달리는 자전거니까 지구 저편에 새로 생기는 길을 달려야 하니까 가로등도 가로수도 모두들 하늘 엉덩이 찌르고 있지만 그래, 세상은 온통 엉터리 감옥이라 탈옥을 해도 감옥 안이지만 늙은 자전거도 체인을 감고 산다 모든 자전거는 달려야 하니까 끊어질 때까지 굴러야 하니까

# 비둘기 발목은 빨갛다

뾰족한 주둥이에 갈라진 나뭇가지를 가진 깃털이 달린 나무, 참나무다 참으로 믿음직한 나무다 붉은 가지 끝에 달린 구름의 발톱, 길이는 아무래도 좋다 길수록 푸르른 하늘을 힘차게 날 수 있으니까 날씨는 아무래도 좋다 시간은 색깔 없는 회색분자니까

굴참나무 위에 빨간 연필이 날아오른다 사람은 흰나무에서 뻗은 구멍이 없는 피리, 연꽃들은 아름다운 기다림의 빛이다 눈[雪] 위에 떨어진 뜨거운 눈물, 별은 밤이 돼야 살아난다 비둘기 발목은 빨갛다 좌우 날개를 흔들며 한 번 두 번, 숫자는 아무래도 좋다 좌우는 앞으로 가려는 몸부림이니까

# 콩

이제 막 영원히 갈라지려 한다 후회할 줄 알면서 지하의 꿀물과 지상의 햇발에 머리가 노랗게 익어간다 향기 나는 참외는 아니지만 엉덩이가 자꾸 부풀어 오른다 눈은 아직 흙의 철망에 갇혀 있고 가슴은 자꾸 흙의 창문 쪽으로 터지려 한다

그는 딱딱하고 부드러운 자신이 어디에서 왔는가를 산에게 나무에게 진흙에게 연꽃에게 물에게 묻는다 그러나 하늘은 여전히 진눈깨비를 뿌렸다 머리 위로는 바람들이 지쳐서 쓰러지는 소리와 슬픔이 끌고 와버린 발자국들로 혼탁했다

오늘도 그의 머리를 밟고 무엇인가 쏜살같이 지나간다 "누구야? 하나님? 누구?"

바람이 말했다

──다리가 달리지 않아도 달리는 짐승──

그는 아직 아무 짐승도 본 적이 없으니 자신이 어디서 온 지 모른다 "발이 달렸다고 모두 짐승이 아니지" 담 옆에 바짝 붙어선 햇볕이 말했다 달린다는 것은 죽는다는 것 "이제 조금 있으면 너도 무조건 달려야 해" 미루나무 잎사귀가

떨어지며 속삭였다 나직하게 하나님도 들을 수 없는 작은
소리로 "천천히 나오렴 아주 천천히"

다시 커다란 소리를 지르며 무거운 쇳덩이가 뒤통수를
밟고 지나갔다 그는 흙 위로 간신히 내밀었던 눈썹을 잽싸
게 잡아당겼다 심장이 두근두근 뛰었다 지렁이가 웃으며
말했다 "트럭, 트럭, 청소 트럭"

—— 둥근 다리로 달리는 짐승 ——

우리가 어디로 달리는지 모르는 것처럼 그들도 어디로
가는지 모르며 빨리 달리고 있었다 그는 고개가 갸우뚱해
졌다 아직 아무 냄새도 맡을 수 없으므로 숱한 의문으로 쇠
냄새도 쓰레기 냄새도 꽃 냄새조차 어느 냄새가 무서운 냄
새인지 모르고 있으므로

그는 다시 딱딱한 입으로 부드럽게 물었다 무슨 이유로
한 뿌리에서 두 개로 갈라져야 하는가를 하늘 때문에 혹은
십자가 때문에 갈비뼈 때문에 목탁 소리 때문에 기도 때문
에 그러나 파도는 여전히 말씹조개를 갯바위에 붙이고 머리
위로는 깃발들이 정신없이 펄럭이는 소리와 갈등이 끌고

와버린 상처들로 범벅이 되어 있었다

　그의 귀가 이제 막 그늘 밑에서 비닐 밑에서 연탄재 밑에서 열리려 하고 있다 발목은 아직 흙의 사슬에 묶여 있지만 목은 할미꽃처럼 구부러진 채 햇빛을 향해 첫 눈물을 흘린다 쓰레기 더미 위에서 초록빛 세상에 던져진 노란 머리를 떨구고 두 개로 쪼개진 자신을 후회하는 듯 자신의 이름이 콩인지 종인지도 모르고

# 들꽃들은 즐겁게 꽃을 피운다

밝은 사람 옆에서
냄새 나는 신발장 안에서
누군가가 이름을 붙여주고 있다

낮은 산을 따라
좁은 길을 따라
들꽃들이 꽃을 피운다

이름 없이 살다 꺼져간 등불 하나
커다란 이름 위에 은빛으로 내리듯

말똥이 굴러가고
말똥구리도 덩달아 굴러가는
냄새 나는 대자연 안에서
누군가가 쭈그리고 앉아
이름을 붙여주고 있다

낮은 길을 가도

높은 언덕을 가도
들꽃들은 즐겁게 꽃을 피운다

# 신기료장수

아침 7시부터 저녁 7시까지 삼거리에 앉아 있다 언젠가
는 누구나 그 집으로 돌아가듯이 그곳에 정어리 통조림처
럼 쭈그리고 앉아 해진 우물을 들여다보고 있다 기도하듯
끌어 모은 두 손에 하얀 비둘기가 날고 있다 옆구리가 터진
순대처럼 우리는 슬펐다 구두를 신고 다니는 것이 부끄러
웠다 제대로 하늘을 볼 수 없었다

맨발로 풀밭을 걸으니 비로소 하얀 알들이 보였다 소중
하게 매만지는 실과 바늘의 예술, 실처럼 뼈대 없는 것과
바늘처럼 뼈대 있는 것이 서로 어울려야 구두가 완성됐다
집을 지을 수 있었다 여기까지 생각하자 맨발로 달려도 발
바닥이 아프지 않았다 그곳까지 걸어가도 미끄러지거나 피
가 나지 않을 것이다

새벽 7시부터 밤 7시까지 텅 빈 도시락과 낡은 버스들이
탈탈거리며 죽음의 이불을 덮으러 돌아가는 삼거리, 신기
료장수 할아버지가 찢어진 세상의 밑바닥을 꿰매고 있었다
갈라지고 찢어진 조각들을 이어주고 있었다 갈라진 구멍을
곱게 메우고 있었다 송곳을 들고 냄새 나는 세상의 바닥을
찌르고 있었다

맨발로 뜨거운 모래사막을 낙타처럼 걸어가고 있었다 하
얀 눈썹 휘날리며

# 바다는 너무 넓지만 돌멍게들의
# 체온으로 데울 수 있다

바다다 우리들의 바다, 돌멍게들이 악착같이 바다에 달라붙어 있다 짜디짠 갯바위에 빨판을 대고 언덕을 껴안고 있다 썰물처럼 세상 속을 떠밀려 가지만 다시 만날 수 있다 눈물이 둥글기 때문에, 바다가 둥글기 때문에

콧구멍까지 물이끼 달라붙어도 떨어지지 않는다 지문이 없어지도록 손을 등나무 뿌리처럼 내뻗어 모래알이 썩을 때까지 사랑한다 세상은 너무 넓어 멍게들의 체온으로는 데울 수 없지만 연탄재와 라면 봉지를 껴안고 체온을 데우고 있다 다닥다닥 낮은 집에 붙어 살고 있다 홍합은 되지 않는다 붕어빵은 결코 먹지 않겠다 이글거리는 알전구 밑에서 손톱이 빠지고 골수가 순두부처럼 물러 터져도 싱싱하게 자란다 웃음은 흔하지 않지만 영롱한 진주가 되고 있다 탐스런 바다꽃으로 피어오르고 있다 돌멍게들도 뭉치면 바닷물을 데울 수 있다

# 달빛 어둠에 앉아

늙은 상상력은 바람이 불 때마다 노래 부른다 누가 와서 건드리면 먼지 쌓인 가죽 가방 속에서 늙은 창녀가 나타났다 날개가 있어도 하늘에 갈 수 없었다

중기기관차가 떠나면 젊은이들은 딱딱한 제복을 입었고 뱀의 혓바닥 같은 길 위에 믿음은 수수깡처럼 꺾어졌다 그가 큰소리로 울 때마다 달빛이 치마를 들치고 어둠의 허연 허벅지를 보여주었다

지친 꿈을 끌고 다니던 우리는 벗겨진 머리와 녹슨 밥통과 다이아몬드를 두른 늑대들에게 자세를 숙였다 서서 짓는 욕망의 꿈들이 살구나무 속에 들어가 비늘 달린 젖을 물어뜯었다 초록 햇빛이 비눗방울처럼 흩어졌다 늙은 개들은 톱니바퀴를 끌고 구멍 속으로 들어가고 바람은 바람 빠진 풍선처럼 옛날 우리 집 지붕 위로 날아갔다

우리는 쓸데없이 불이 되고자 했다 더러움을 마신 횃불이 되고자 했다 이내 발에서 냄새 나는 뿌리가 돋아 땅속으로 흩어져 내렸다 물도 햇빛도 보이지 않았다

# 금촌 아구탕집

봄비가 주절주절 아구 수염같이 내리고 있었다 입이 아구처럼 큰 재훈이와 아구탕을 먹었다 아귀 같은 세상의 지붕 위로 비가 내리고 있었다 아구 같은 인간들이 아구탕을 먹으며 세상의 입과 입, 귀와 귀 물어뜯고 있었다 가시 돋친 세상의 뼈와 뼈 사이로 더러운 혀를 내밀고 있었다

금촌은 금이 많은 동네, 그러나 그곳엔 아귀들만 있었다 황금의 냄새를 좇아 징그러운 지느러미를 흐느적거리는 아구들만 있었다 회찬이는 불교방송과 중앙일보 미주지역 오줌싸개들과 아구를 먹고 있었다 곁가지들이 바람에 흔들렸다 아귀처럼 부풀어 오른 입으로 부처를 닮은 머리 긴 짐승들이 아구를 먹고 있었다 머리 잘린 콩나물과 허리 잘린 미나리들이 아구 속에서 웃고 있었다 몸이 온전하다는 것, 그것이 부끄러웠다

빗방울처럼 둥그런 초록빛 해가 그리웠다 재훈이와 아구탕을 황금 벌판에서 먹었다 아무도 우리 둘이 음험한 빗길을 걸어간 걸 알지 못했다 기원이도 알지 못했다 우리들이 지나간 뒷골목 사이로 스님을 닮은 그림자가 따라오고 있었다 뼈 없는 짐승처럼 물렁뼈까지 씹어먹는 아구 없는 아

귀들처럼 세상의 별빛들이 따라오고 있었다

# 주머니

　입구와 출구가 똑같은 주머니를 지니고 다닌다 그것도 앞뒤로 몇 개씩 평생을 달고 다닌다 밑이 보이지 않는 이 끝없는 재물의 헛구멍 속을 들여다보니 아침새가 우유를 마시는 소리가 난다 저쪽으로는 나뭇잎 떨어지는 소리가 난다 한켠에는 늙은 지게꾼이 저녁을 한쪽으로 비켜두고 훌쩍훌쩍 우는 소리도 들린다

　출구를 걱정하는 입구나 입구를 기억 못하는 출구가 함께 붙어 사는 마네킹의 세상에서 우리는 오늘도 부지런히 바지의 단추를 밤마다 풀고 양심의 단추는 새벽마다 단단히 잠그며 저 끝없이 광활한 신神의 주머니 속에서 송장헤엄을 치고 있다

# 수박씨와 파리

수박씨 위에 파리가 앉았다 나는 누가 살아 있는 것인지 잘 모른다 눈이 점점 멀어지고 있다

수박씨 겉면은 딱딱하고 파리의 날개는 부드럽다고 지나가는 햇빛들은 말하지만 누가 산 것이고 누가 죽은 것인가

파리가 수박씨를 깔고 앉아 있다 손바닥에 묻은 더러움을 싹싹 털어내고 있는 저 죽음을 예찬하는 기도를 수박씨는 가만히 듣고 있다

수박씨가 파리를 끌어안고 있다 내 몸의 달콤한 사랑을 곧 죽을 너에게 주노니 난 그리하여 다시 파란 생명을 이어가노니

# 소방차가 없는 유리 도시

노란 콩나물들이 사는 유리 도시에 유황불이 켜진다 유황 냄새 나는 여자가 허리를 흔든다 여자의 우물 속에 이지러진 유리꽃이 피고 계단을 딛고 내려가는 유리 신발들의 코엔 어둠이 묻어 있다 손바닥을 흔들며 서 있는 오리나무들과 잘 썩은 거름들과 곰팡이로 빚어 만든 납작한 희망들이 갇혀 있다 유카리나무로 지은 유리 감옥엔 유리 자물쇠가 걸려 있다

곳곳에서 불이 나고 유황이 타고 고양이 수염 끝에 빛나는 형광 물질들은 더운 수도꼭지를 틀어놓듯 하얀 유리 거미줄을 토해내고 있다 아직 따뜻한 밥들이 있다는 믿음 때문에 자물쇠가 잠긴 자전거는 언제나 태양 쪽으로 쓰러지고 아이들은 그리운 장난감들을 들고 편지가 오지 않는 우체국 앞을 서성거린다

누구도 찾지 않는 이 불타는 유리 도시에 아무리 긴급 전화를 걸어도 소방차가 오지 않는 것은 우리가 들고 있는 구리 동전 지갑이 너무 무겁기 때문이다 물을 가득 실은 파란 풍선이 없기 때문이다 고장 난 기관차처럼 인화물질들은 광란 속을 달려도 아직 우리 집 앞마당 산수유나무에 빨간

열매가 열리는 것은 그가, 솜털 같은 그가 아직 우리를 위
해 흘리실 눈물이 남아 있기 때문이다

# 닭은 쉴새없이 머리 흔든다

　가슴에 돌 든 닭은 쉴새없이 머리 흔든다 기름솥에 들어
가도 머리 흔든다 꼬리 흔들지 않고 머리 흔든다 날카로운
유리 조각, 딱딱한 사금파리 강제로 먹여 위장이 걸레처럼
찢어져도 깃발처럼 힘차게 머리 흔든다

　닭은 낮에도 머리 흔든다 밤알만 한 보석 줘도 머리 흔든
다 먹을 것은 오직 왕모래라며 구더기들이 벌떼처럼 달라
붙어도 진드기 털어버리듯 머리 흔든다 나무껍질처럼 갈라
터진 두 다리로 서서 네겐 줄 수 없다며 머리 흔든다

　닭은 쉴새없이 머리 흔든다 머릿속에 부드러운 화살촉
감추고 닭은 쉴새없이 머리 흔든다 머리 흔들며 노래 부른
다 목이 비틀려도 노래 부른다 닭장은 어둠으로 가득 차 있
고 구더기들은 살이 올라 지문이 없어도 끝나지 않는 새벽
노래 밤새 부른다 젓가락만 한 목이 찢어져라 노래 부른다

　가슴에 길 난 닭은 머리 흔든다 머리가 얼어도 머리 흔든
다 어둠의 씨앗 모조리 쪼아 먹자며 이리저리 방황하는 족
제비들과 왔다갔다 정신없는 들쥐들 향해 오직 한쪽으로
머리 흔든다 태양이 뜬 쪽으로 세차게 흔든다 흰옷 입고 끌
려간 쪽으로 머리 흔든다 짚신 신고 달려간 곳으로 머리 흔

든다

　닭은 쉴새없이 머리 흔든다 머리 흔들며 머리를 버린다
머리를 버리면서 파헤쳐버린다 대나무 갈퀴 같은 강한 발톱
과 족집게처럼 틀림없는 딱딱한 부리로 썩은 놈들의 뿌리를
모조리 자른다 나무늘보 뒷구멍 파헤쳐버리고 흡혈박쥐 음
험한 문서 파헤쳐버리고 돼지들의 두개골 파헤쳐버린다

　닭은 쉴새없이 머리 흔든다 촛불처럼 쉴새없이 머리 흔
든다 종鐘처럼 쉴새없이 머리 흔든다 머리를 흔들면서 꽃
잎이 되고 흔들면서 흔들면서 별빛이 된다 돈벌레들이 시
간을 맛있게 먹어도 닭은 쉴새없이 머리 흔든다 머리가 잘
렸어도 머리 흔든다 거머리들이 달콤한 꿀 핥고 있을 때 벌
판에서 눈 부릅뜨고 머리 흔든다 눈동자가 뽑혀도 머리 흔
들고 혀가 잘려도 머리 흔든다 목청이 찢어져라 노래 부르
다 파리처럼 목구멍이 뻥 뚫려도 흔들리지 않는 햇살 위해
머리 흔든다 흔들면서 흔들면서 흔들리지 않는 나라를 쉴새
없이 오늘도 간다

# 한 근의 무게

돼지고기 한 근 들고 바삐 뛰던 날은 영혼 한 근이 줄고 달빛 한 근 밟고 지샌 날은 영혼 한 근이 곱게곱게 쌓였습니다 한 근의 무게, 아마 그분도 그것밖에 가진 것이 없으셔서 곳곳에다 향기를 숨겨두셨겠지요 쓰레기 한 근 어두움 한 근 시기 질투 슬픔 한 근, 제 소화 능력에 온당치 못한 음식들은 가슴속에 이별로 배달됐습니다 상처로 쌓였습니다 구슬땀 한 근의 무게 봄비 한 근의 무게 냉이 달래 씀바귀 그 싱싱한 이름 한 근의 무게 바위보다 무거웠습니다 뼛속까지 내려가 꽃으로 피었습니다 이젠 아시겠지요 깨끗한 눈물 한 근 충만한 믿음 한 근 넘치고 넘쳐 백 근이 되는 것 천 근이 되는 것 이 땅의 앉은뱅이저울로는 이 땅의 눈빛으로는 측량할 수 없는 것 아시겠지요 한 근의 무게, 볼 수도 잴 수도 없는 말간 사랑 한 근의 무게

# 모두 죽었다

횃불은 녹이 나 죽고 네가 부르던 너의 이름은 독이 나 죽고 늙어 창가에 기댄 그 시절도 죽고 생맥주를 들이켜며 '독재'를 부르던 그 갈보다 죽고 늘어진 구두를 붙잡고 열심히 주물러대던 이발사도 죽고, 그리하여 남쪽은 모두 죽었다

남쪽은 죽었다 모두 녹았다 현대자동차가 있고 대우아파트에 살아도 죽었다 조선맥주가 죽고 오비라거가 죽고 두꺼비소주도 죽었다 그래, 광화문이 죽고 청와대가 죽고 남산이 죽고 모두 죽었다

남쪽은 모두 썩었다 입이 썩고 눈이 썩고 정치가 썩고 심장이 썩었다 오늘 살아있는 것은 어제 죽은 것이다 내일도 죽은 것이다 쉴새없이 바람이 드나드는 자전거 펌프만 살아 있다 멋대로 사는 엿장수만 살아 있다

신선한 아침 우유와 함께 배달되던 신선한 아침 신문도 죽었다 9시 뉴스는 9시 코미디가 되고 프로야구 4번 타자는 데드볼로 죽고 농투성이 쟁기질은 힘없어 죽고 넥타이부대 주먹은 고스톱에서 피바가지 쓰고 죽었다

짱구도 죽고 뜀부기도 죽고 파릇파릇 언 땅을 헤치고 올

라오던 보리칼도 죽었다 6·10 나비떼와 6·29 원 하던 시
금치도 철조망을 못 넘고 죽었다 모두 죽었다고 말하는 너
도 죽고 안 죽었다고 말하는 그년도 죽고 나도 죽고 그래서
남쪽은 모두 죽었다

　　하얀 침대에 누운 너와 그 옆의 너, 쭈그러진 말안장에
앉아 쭈쭈바를 신나게 빨고 있는 너, 임마, 너도 죽은 거야
왜 돌아보니, 돌아보는 너, 돌아보는 너를 쳐다보는 너, 너
도 죽은 거야 1997년 6월 10일엔 모두 죽은 거야 10년 전 불
었던 싱싱한 바람도 조종弔鐘처럼 슬피 울다 깨져버린 거야

# 숲은 청년의 가슴에 있다*

지구상의 가장 위대한 보배는
태양을 향해 날아오르는
청동빛 투지

사악한 뱀처럼
땅으로 기지 않으리라
연약한 뼈대를 꼿꼿이 세워
하늘로 향하리라
맨손에 맨발로
싸늘한 인간의 사막
모래바람 속을 걸어가리라
낙타도 없이
별빛도 없이

계속의 물살에 발목 잡히고
산맥의 채찍에 등을 맞아도

* 이 시는 파주 청년회의소 신문 창간호의 축시로 주었다.

사람과 사람 사이의 뜨거운 벼랑
기어오르리라
담쟁이덩굴처럼
이윤과 이윤 사이의 차가운 바위
움켜잡으리라

역사상의 가장 깨끗한 기쁨은
국경을 초월하여 형제가 되는
물 같은 만남

어둠이 달려와 목을 조여도
눈물과 눈물 사이에 흐르는 사랑
끌어안으리라
어제와 오늘 사이에 떠가는 갈등
풀어놓으리라
버려진 빈 상자처럼
아무리 외로워도

결코
호박덩굴은 되지 않으리라
큼직한 열매를 맺고
일 년만 살다 죽는
솜방망이 같은 수세미는
되지 않으리라

우리들의 꿈은
세상을 온통 초록의 보리밭으로 개간하는 일
내 키보다 더 큰 참깨나무를
사람과 사람 사이에 촘촘히 심는 일

오, 청춘의 아침
빛나는 저녁이여!

푸른 숲은
청년의 가슴에 있다

청년이 젊음으로 설 때
사회의 벼랑에 꽃이 피고
청년이 횃불 밝힐 때
가난은 하늘로 간다

가자!
너와 나의 눈이 흙이 될 때까지
너와 나의 꿈이 별이 될 때까지

# 길

늦게 온 길들을 더 늦게 달려온 길들이 덮자
먼저 온 길들이 먼지를 날렸다
모든 길들이 새롭지 않은 것은
길들이 직선을 닮아가고 있기 때문이라고
달[月]이 말했다
낡은 신발들이 그것을 알고 길에서
절대 눕지 않았다 밤이 되면 신발들은
남의 집에 가서 그의 갈라진 등껍질을 달빛처럼 덮고
잠이 들었다
가끔씩 낯선 길에 낯선 신발들이 걸어가는 것을 본 적이
있었지만
두 신발들은 결코 낯선 길에서 만나지 못했다
먼저 길을 따라간 신발들이 먼저 간 순서대로
그 길 위에서 숨을 거두고
길은 달빛처럼 평온했다
길들과 먼지와 신발들은
둥그러져 가는 달빛을 모두 보았다
먼저 달려온 어둠보다

늦게 도착한 바람이 더 짙게 어두워졌다

# 별

길들이 너무 많은 것은 새로운 길이 없기 때문이다
먼저 하늘로 가서
밤의 정보원이 되어 숨을 멈춘 발광식물이 된 경우가 어
디 있으랴
이미 그 비밀을 알아버린 나무들은 둥근 가지를 접어
찢어진 상처를 생산해내고 있다
모두 저 길로 가서 물이 되고
조금 더 기다리다 떠나면
잿빛 말가죽 가방이 되고
더 사랑하다 떠나면 연어가 되었다
길들이 세상에 많은 것은 새로운 아픔이 없기 때문인 걸
오늘밤도 실 짜는 기계와
신발에 묶인 길들의 별똥을 보고 안다
한쪽은 길고 한쪽은 짧은
아름다운 이름들이 밤의 기계를 돌리고 있다

# 다리

머리를 자르자 길이 보였다
갈치의 비늘과 박하사탕의 껍질로 만든
밤의 머리칼들
어디서 이런 골동품들이
건너가는 법을 알아냈을까

길을 건너는 다리들이 불안하다

이름을 붙인 길들과 이름 없는 다리들이 서로 엉켜
지친 것들을 건네주고
길들은 다시 그들의 다리를 자르고 있다
노 젓는 법을 모르는
가난한 어부가 건너간 후
그 후로 길들은
우리 곁에 돌아오지 않았다

# 지렁이와 등뼈동물

철모 쓴 허수아비가 숨도 쉬지 않고 서 있다 서서 꿈꾸는 허수아비가 참새 떼와 놀고 있다 떼를 쫓고 있다 다들 어디로 갔을까 숨 쉬는 떼들은 모두 어디 가고 허파 없고 콩팥 없는 허수아비만 떼를 쫓고 있다 움직이는 것이 움직이지 않는 뼈를 무서워하다니 뼈 없는 것들이 재잘대고 혀 없는 것들이 마구 소리 지르는 진흙 범벅의 세상에서 혼자 밥통 들고 밥통 채우고 있는 우리는 어느 지방에서 온 민들레 씨앗인가

허수아비가 혼자 서 있다 옷도 없고 주머니 하나 없어도 부처님 발가락을 닮아가는 것을 보면 땅에 엎드려 지렁이처럼 기고 싶어라 등뼈가 있다고 꺼떡거리는 것이 부끄러워 두더지처럼 땅속에 숨고 싶어라 혼자 있음의 기쁨을 만끽, 만끽하고 있는 저 막대기 하나를 보면 아, 가을 단풍처럼 붉게 물들고 싶어라

혼자 있는 허수아비가 참새와 지렁이와 두더지와 함께 솜이불 덮고 땀을 뻘뻘 흘리는 연꽃 같은 세상은 어디에 있을까 터진 주머니마다 가을 햇살을 가득 넣고 겨울 내내 양지에 앉아 밤알처럼 빛의 껍질을 벗겨 먹는 한가로운 세상

은 어디에 있을까 흔들리며 흔들거리며 덜컹이며 사는 우리의 다 떨어진 신발 뒤축은 어느 보리수나무 그늘 아래에 벗어던질 수 있을까

# 들어라 정치인들아

너는 똥이다 참외씨다 썩지 않은 염주다 썩은 낙타 눈깔 같은 도둑놈들은 들어라

너는 개밥그릇이다 깨진 소금 항아리다 텅 빈 영화관이다 썩을 놈의 구더기 밀가루 포대다 털어도 털어도 먼지가 나는 시멘트 포장지다 보지 못하는 돈구멍이다 안경 낀 시궁창이다 넙죽넙죽 받아먹는 셰퍼드다 좌우로만 왔다갔다 하는 시계불알이다 뒤집어쓴 하회탈이다

그래, 그래 네 말도 맞다 머리 없는 당나귀 타고 신나게 달리는 회전목마다 잔칫집 젓가락처럼 짝 안 맞기는 마찬가지다 미친년 볼기짝처럼 마구 벌려도 좋다 그렇지만 정치인들은 들어라 넌 물텅벙이든 다마고치든 기름 바른 가발이든 넌 내 앞에 나타나지 마라 어제 먹은 국수 올라온다 잘못 걸리면 응급실 간다 목발 짚고 여권 챙긴다

들어라 사기꾼들아 한 시간은 60분이다 죽어 자빠지면 구더기 나온다 물들은 바다로 가고 바다는 하늘로 간다 이 텅 빈 쭉정이들아 째려보긴 왜 보냐 똥바지 걸친 화상들아

# 메

   너는 위장이 없는 맨몸뚱이 무골無骨 처녀 남들은 자꾸
오른쪽으로 오른쪽으로 가야 찢어진다고 한다 그래, 왼쪽
은 오른쪽 옆에 있지, 하지만 좋고말고 오른쪽으로 돌다보
면 어느새 왼쪽이 되고 그러다 보면 찢어진 붉은 하늘이 보
인다
   너는 발톱이 없는 민둥산이 무혈無血 낭자 자꾸 왼쪽으로
왼쪽으로 엎드리려 하지 그래, 오른쪽은 왼쪽과 형제지간
좋고말고 왼쪽으로 엎드리다 보면 드디어 은빛 날개가 달
리고 푸른 바다 끝에 알토란 같은 집을 짓는다
   그러나 왼쪽도 오른쪽으로도 돌지 못하고 아래 위로만
흔들리는 불쌍한 몽둥이들이여! 눈도 귀도 코도 없이 신나
게 껄떡거리는 아메바 같은 식충들이여! 왼쪽으로 돌다 오
른쪽, 오른쪽에서 다시 왼쪽으로 밥통도 발톱도 함께 도는
불쌍한 어지럼증의 회색분자들이여!

# 우리 집 굴뚝

굴뚝은 매연이 먹거리, 기침 한 번 안 하고 천식 한 번 안 걸리고 잘 살고 있다 잘 자고 있다 허파에 바람 든 분, 속이 텅 비지 않은 분들은 모르신다 굴뚝은 굴뚝끼리 만나는 것 빈 통들은 빈 통끼리 어울리는 것, 눈도 귀도 필요 없이 만나고 있다 죽음과 맞서 지붕 위에 혼자 서 있다 이 땅의 꼭대기에 서 있는 사람들은 다들 와 보시라 굴뚝은 알고 있다 누가 세상의 연기, 고난의 향기 당당히 받아들이는가를, 쥐 새끼들마저 폼 잡고 오줌 누는 세상, 간도 쓸개도 몽땅 비워내고 서서 잠자는 우리 집 굴뚝, 밤마다 별똥별과 사랑의 무전 치는 우리 집 굴뚝, 어서 와 보시라, 와서 눈물 좀 흘리시라 죽음을 끌어안고 싸우는 우리 집 굴뚝

# 가을 여자

가을 여자, 이 은사시나무 이파리처럼 흔들리는 말 속에는 아침이 산다 맑고 정갈한 순결의 힘 빛의 힘 초록의 힘 뼛속에서 솟아나는 절정絶頂의 힘으로 부드러운 풀잎이 되기도 하고 날카로운 칼날이 되기도 한다

가을 여자, 이 서릿발이 숭숭숭 돋은 말의 한가운데에는 차가운 이별이 있다 카키색 코트 깃에 체크무늬 머플러를 두르고 작은 마을로 떠나는 쓰다 만 편지 한 장이 떨어져 있다 덜컹이는 기차를 타고 가다 문득 내려선 어느 이름 없는 간이역, 그 길옆의 플라타너스 나무들이 옷을 활활 벗어 던지는 낡은 그림 한 장이 숨겨져 있다

낙엽과 함께 뒹구는 계절의 온도와 지금껏 감춰두었던 삶의 온도를 오색 풍선처럼 날려 보내고 난 뒤의 하얀 여백이 있는 노트, 그 노트의 한쪽 귀퉁이는 찢어져 있지만 그 찢어진 부분이 눈물로 접혀 있기에 그 이별은 아름답다 목적이 있는 기다림이 아닌 맹목적 기다림 이별을 포함한 기다림 만남을 포기한 기다림 그래서 그 기다림의 한쪽은 약간 깨져 있다 한쪽 귀퉁이가 조금 깨져 있지만 그 깨어짐으로 인해 그 기다림은 넉넉하다 그의 왼쪽 구두 뒤축은 약간

닳아 있고 그 닳아진 높이만큼의 깊은 침잠, 그곳에 도착하기까지의 고통, 그래서 그 기다림의 상처는 분홍빛 능금이고 그 능금의 반을 쪼개면 까만 기다림으로 뭉쳐진 씨 하나가 들어 있다

가을 여자, 이 신발 뒤축이 한쪽으로만 닳은 말 속에는 새가 산다 마주 서면 손 흔들 용기는 있어도 돌아서면 혼자인 한 마리 티티새, 그 돌아섬과 마주섬의 순간에 커다란 별이 뜨고 그 별에 사는 티티새는 혼자이기에 이 땅의 가을은 쓸쓸함이 가득하다

가을 여자, 이 작은 주머니가 달린 말 속에는 나무가 자란다 드러냄보다는 감춰짐을 사랑하는 나무, 그 뿌리는 언제나 텅 비어 있음에 가득 차 있고 쌓아놓지 않기에 무너지지 않는다 이 나무는 안으로 안으로 상처를 먹고 자라고 고독이란 비료를 먹고 자란다 그래서 그 나무의 가지 끝에는 미소가 열린다 은회색 빛깔을 가진 투명한 나무 그 나무의 열매는 작지만 향기가 짙어 이 땅의 어디서든 맨발로 갈 수 있다 날개 없이도 하늘을 날고 형체 없이도 영원히 산다

# 상지석리로 가는 길

뼈 있는 길로 가고 있었다 뼈 있는 나무들은 솜털구름 위로 발걸음을 안 남기고 가고 있었다 혀가 있는 짐승들만 나무와 구름 사이에서 조잘거렸다 상지석리에는 뼈만 남아 있었다 하얀 뼈가 시간을 몰고 햇빛에 반짝이고 있었다 얼어붙지 않은 조선 소나무들은 추운 바람에도 청청하게 하늘을 찌르고 있었다

상지석리로 가는 길, 살갗과 지문과 육성이 없는 곳, 전차도 오지 않고 투표용지도 배달되지 않는 섬, 그곳엔 마른 살빛만 살아 있었다 손을 잡지 않았지만 한 곳으로 가고 있었다 아무도 왕복 엽서를 보내주지 않는 그곳, 억새풀들이 바람을 가르고 있었다 낮은 둔덕들이 큰 언덕을 만들고 메아리는 돌아오지 않았다

상지석리로 가는 길, 오직 한줌의 깡마른 꿈, 겨울에도 얼지 않는 한 사발의 마른 살빛들만 거기 모여 있었다 누굴 기다리고 있었다 녹슨 철망과 껍질뿐인 열매 속에서 언 손을 꼭 쥐고 붉은 모자 쓴 배달부를 기다리고 있었다 오지 않는 소식을 기다리며 뼈 묻힐 그 길을 가고 있었다

# 느낌의 살

　가을 나무들은 새벽에 살이 붙는다 살이 붉게 붙는다 바위와 모과나무와 산수유에도 붉디붉은 살이 붙는다 그런데 바람아, 너는 보았니 이런, 이런, 느낌에도 살이 곱게 붙는 걸, 그래, 그랬다 시인의 느낌에 살을 붙이는 사람 상처 난 바위에 살을 붙이는 사람 살이 빠지고 정신의 허기, 양식의 주머니가 비면 느낌의 밥을 수북이 먹어야 했다 시의 밥, 느낌의 밥, 그런 꼬물꼬물거리는 말[言]의 사타구니를 더듬고 다녀야 했다 만지기만 하면 빳빳하게 일어섰다 새벽에는 더 크게 발기했다 땀이 나고 노곤했다 세상 모든 일은 느낌에 살을 붙이는 일, 느낌과 양심에 덕지덕지 살을 덧칠하는 일, 그 일에 나는 몰입, 몰입해서 그 밑바닥까지 매일 나무 사다리를 타고 내려갔다 남김없이 빨아먹었다 그것이 나는 행복했다 그런데 바람아, 보신탕 잘하는 개성집 주인도 그런 말씀, 생각의 말씀을 진국으로 우려내고 있는 것, 알고 있니 그런데 바람아 저 사람은 그것도 모르면서 말의 엉덩이는 왜 걷어차고 있지? 나오지도 않는 것을 붙잡고 왜 정신없이 흔들기는 흔들지?

# 부적

슬픔은 슬픔의 부적 어둠은 어둠의 부적 기쁨은 기쁨의 부적으로 막을 수 있다 풀 수 있다 속이 꽉 찬 조선호박, 궁합 궁합이었다 사랑도 궁합이 맞아야 쪽빛으로 빛났다 고통은 고통만이 상처는 상처에 합당한 부적으로 풀 수 있었다 피하지 마라 비겁하게 피하지 마라 눈물은 눈물을 사랑하고 이별은 이별을 사랑해야 쇳물처럼 펄펄 끓었다 그 까만 고양이가 남녘 북녘 가리지 않고 넘나드는 것도 사랑이었다 사랑이 부적이었다 어젯밤 들여다본 이 땅의 하늘은 어둠이었다 어둠에 빛나고 있었다 완전한 빛의 힘, 사랑의 힘으로 오슬오슬 떨고 있었다 도망가지 마라 비겁하게 도망가지 마라 무엇이든 당당히 맞서야 매듭이 풀린다 이별은 이별을 사랑해야 원수는 원수를 사랑해야 무엇이든 풀린다 그게 우리의 진짜 부적, 그걸 우리는 믿어야 한다 어디서든 부적처럼 지니고 있어야 한다

# 껌정뿐인 나라

구두도 껌정 시계도 껌정 외투도 껌정 문화연필도 껌정, 속을 들여다보니 쓸개까지 껌정, 안팎 모두 껌정 일습, 껌정이 유행입니다 어두운 구석에서 어둡게 흐느끼며 까만 절망을 까만 컵에 홀로 따라 마셨으니 창문마다 깜깜, 별빛마저 어둡습니다 이슬도 껌정 희망도 껌정 어딜 가도 깨끗한 눈물 한 점 투명한 햇살 한 점 만나기 힙듭니다 그분께서, 하얀 그분께서 지상으로 내려 보낸 용서의 새 기쁨의 새 영원히 죽지 않는 새, 지금 어디서 시린 발톱 오그리고 잠들어 있을까요, 껌정뿐인 나라 여자들 허벅지에 흑제비가 들끓고 남자들 가슴에는 흑곰만 날뛰다니 우리가 껌정 가방에 껌정 역사만 껌정 사랑에만 몰입한 까닭입니다 누군가 이 땅의 착하고 착한 빛깔들 모두 잡아다 껌정 감옥에 가둬둔 까닭에, 그분께서 날려 보낸 하얀 새, 죽지 않는 새, 가슴에 앉지 못하고 있습니다 떠돌고 있습니다 껌정과 껌정 사이 오가며 알 낳을 둥지 못 찾아 껌정 처마 밑에서 오늘도 싸늘하게 죽어가고 있습니다

# 구멍 속의 밥

구멍 속에 천막이 있다 아주 큰 인도코끼리 귀같이 낡은 천막이 펄럭인다 저런, 저런 그 구멍 속에 초등학교 운동회 때 본 낡은 천막이 있다니 눈[雪]이 내리다니 하얀 눈이 내려 꽝꽝 얼어붙은 딱딱한 물건들을 덮고 있다니 곧고 바른 대나무 회초리를 휘두르고 있다니

잿빛 속에 구멍이 있다 들여다보니 아주 지저분한 거미줄 같은 귓밥이 나왔다 아, 그곳에도 밥이 있다니 밥을 갖고 싸우고 있다니 좁은 구멍 속에서 먹이 싸움만 하고 있다니 무당 거미들이 거기에 있다니 저런, 저런 낡은 천막이 정부미 봉투에 붙어 대머리 문어처럼 흐느적거리고 있다니 양심의 지렛대는 한 발을 지구에 꽂고

# 장의사와 복덕방

　장의사 옆에 복덕방이 있다 집을 파는 집이 나란히 붙어
있다 겨울이 갈기를 세우고 달리고 있다 복덕방엔 냉장고
같은 방이 있고 붉은 고깃덩어리들이 숨쉬고 있다 국화와
붕어빵이 나란히 자고 있다 난로는 딱딱 나무껌을 씹으며
장작이 장작을 때리고 있다 뼈가 없다

　전셋집을 찾다가 실수로 장의사로 들어갔다 그곳에 진짜
집이 있었다 영원의 집, 이제껏 내가 구하러 다닌 집은 모
두 종이 상자 같은 가짜 집이었다 마른 우유 같은 하얀 횟
가루와 말라비틀어진 명태 눈, 거기 모두 있었다 손톱도 깎
고 신발도 벗고 알몸으로 누워서 가고 있었다 장작들이 장
작을 녹이고 있었다 뼈가 있다

# 아파치 요새의 추장을 어항 속에 가두면 죽는다*

어항 밖에 고기가 살고 있다 그는 늘 싱싱한 비린내를 가지고 있다 세상은 싱싱하지 못했지만 그 고기는, 비늘 없이도 펄펄 뛰는 두꺼운, 그 두꺼운 세상의 돋보기를 쓰고 늘 어두운 물 밖을 싱싱하게 헤엄쳐 갔다 지느러미가 날쌘 피라미와 세상의 욕망을 모두 잡아먹을 듯한 아구 같은 사람 사이에서 그는 늘 노래를 불렀다 아파치 요새의 추장 노래는 고기가시처럼 들으면 들을수록 옆구리가 아팠다 양심의 옆구리 그쪽이 쓰리고 아팠다 쓸개까지 빠져버린 저 아득한 바다의 온갖 잡고기들은 그의 노래에 화들짝 놀라 도망가고 그의 노래는 신화가 없는 이 땅의 하늘 위에 궁전을 짓기도 했다

어항 밖에 한 마리 싱싱한 물고기가 여기 있다 사람이 그리워 부르는 아파치 추장의 물빛 노래는 어항 밖에서 꽃이 되고 햇불이 되고 때로는 이단 옆차기가 되고 고단한 세상의 아름다운 밑그림이 되어 뼈가 없는 고기와 향수 냄새가

---

* 이 시는 최성권 동지에게 주었다.

나는 고기와 껍데기뿐인 고기와 속까지 썩은 검은 고기들을 자애롭게 교화시켰다 자신은 슬슬 흥겹게 우동을 끓여내고 포장마차 위에 놓은 자유를 썰어내며 돌아서서 눈물을 훔치지만 어항 밖이나 어항 안이나 도무지 컴컴한 이 세상에서 그는 늘 싱싱하고 그는 늘 쓸쓸하고 그는 늘 술 마시고 그래서 그는 우리 시대의 도마 위에 놓인 위대한 토종 물고기 은빛 물고기 우리들의 어항을 지켜줄 소중한 한 마리 날뛰는 물고기 빼앗겨버린 땅을 지키는 은빛 투창을 들고 있는 아파치 요새의 추장 물고기

# 명사수의 비껴 쏘기

　사람들은 총을 쏠 때 대개 한 쪽 눈을 감는다 두 눈을 뜨고 보아도 잘 보이지 않는 세상, 그러나 표적을 한 방에 쓰러뜨리려면 애꾸눈이 더 효과가 있다 한쪽 눈을 감아야 더 잘 보이는 과녁의 세계, 날렵한 총잡이들은 더 큰 승부를 던질 땐 아예 매복조를 숨겨두기도 한다 두 눈을 다 뜨고 밤새도록 눈 부릅뜨고 다녀야 허기진 밥 한 술과 새우젓 한 봉지 들고 돌아오는 우리 집 밥상. 나는 늘 과녁을 맞추지 못했고 총잡이들과 만나면 차라리 두 눈을 모두 감았다 상대를 쓰러뜨려야 내가 쓰러지지 않는 냉혹한 사막에서 난 늘 내가 쓰러지기를 원했다 내가 먼저 총알 맞기를 원했다 그래서 나는 명사수지만 늘 비껴 쐈다 식구들은 그러면 배고프다고 했지만 난 그게 편했다 쓰러뜨리지 않으면 내가 쓰러져야 하는 총잡이들의 세상 나는 내가 패자가 되기를 원했다 피 흘리며 모래사막에 고꾸라지기를 원했다 그게 편했다 나의 총은 언제나 목표물을 한참 비껴간 허공을 향하고 상대방은 돌아서서 호쾌한 승리의 웃음을 떨구고 갔지만 나는 내 속옷까지 그에게 벗어주고 싶었다 차가운 그들의 뒷덜미에 뜨겁게 솟구치는 내 피 한 사발을 부어주고

싶었다

# 무혈점령

미국 NBA 농구가 MBC 화면을 덮고 있다 너는 경기를
보며 박수를 치고 껌만 씹었다 팔레스타인 해방기구나 여
성들의 생리대가 뒤섞인 신문 속의 만화를 보며 너는 낄낄
거리며 그것이 여성 해방이라고 말했다 블루길은 각종 토
종 물고기를 밤에도 물어뜯고 너는 햄버거를 먹고 있었다
황소개구리는 황소처럼 한국인의 식량을 위협했으나 너는
수입 소고기를 먹으며 롯데백화점에 쇼핑 갈 생각에 잠을
이루지 못했다

# 나무못

　녹슬지 않는 못이 필요하다 쇠못은 필요 없다 나무못이
다 나무라는 거룩한 이름을 가진 못, 쇠못이 너무 흔한 세
상에 무쇠못이 아무 곳에 마구 박히는 세상에 텅 빈 못이
필요하다 대추나무나 녹슬지 않으며 구부러지지 않는 저
깨끗한 정신의 못 그들이 필요하다 썩어서 붉은 독을 뚝뚝
흘리는 저 악마와 같은 못들은 사라져라 기둥과 함께 같은
빛깔로 썩어가는 저 충성스러운 나무못, 그들이 이 시대를
지탱하는 석가래인 걸 무식한 못인 나는 깨닫고 있다

# 해설

― 원희석론

# 일상성에서 서정성으로서의 짧은 여정
## — 원희석론

이 승 하

　원희석 시인이 타계한 지도 어언 12년이 되었다. 40대 초반, 2권의 시집과 1권의 영역시집을 내는 과정에서 누구보다 활발히 시작 활동을 전개한 원희석 시인이었다. 공교롭게도 그를 황천길로 데려간 것은 '정치'였다. 1995년의 지방의회 의원 선거 출마와 1998년의 시의회 의원 선거 출마는 그의 심신에 심각한 스트레스를 주었고, 그것은 그의 때 이른 죽음을 가져온 가장 큰 원인이 되었다. 정치판에서는 꿈을 꽃피우지 못했지만, 시단에서의 그는 누구보다 활발하게 활동한 시인이었다. 1987년『문학사상』신춘문예(이 문예지의 신인상 제도가 한때는 신춘문예를 표방하였다)로 등단한 원희석은 등단한 그 해에 곧바로 첫 시집『물이 옷 벗는 소리』를 문학사상사에서 간행하였고, 1989년 고려원에서 제2시집『바늘구멍 앞의 낙타』를 발간하여 1990년에 한국문화예술진흥원에서 주간한 대한민국문학상의 시 부문 신인상을 수상하였다. 그가 정치바람을 타지 않고 시를 계속 썼더라면 지금까지 여러 권의 시집을 냈을 테고, 시인에 대한 평가도 많이 달라졌을 것이다. 하지만 그는 어느새 잊혀진 시인이 되었다. 타계 이후 누구도 그의 시에 대해서 이야기하고 있지 않다. 다행히 우대식 시인이 『현대시학』에 '비극에 몸을 데인 詩人들'이라는 글을 연재할 때 원희석 시인을 다룸으로써 재조명의 기회를 갖게 되었다.

원희석은 한마디로 말해 '난 사람'이었다. 고등학교밖에 안 나온 학력으로(그것도 인문계가 아닌 파주공고를 나왔다) 한국일보사 편집부에 입사, 신문기자의 신분으로 방송통신대학을 다녀 대졸 학력을 취득한 것도 그렇고, 중앙대학교 신문방송대학원을 졸업, 석사학위를 받은 것도 그의 남다른 재주를 말해주는 예일 것이다. 신문사에 있는 이점을 발휘, 영역시집 『Water, Fire & Earth』를 낸 것도 그의 비상한 능력을 말해주는 예가 될 것이다. 시인의 시 쓰기 이외의 능력은 신문사에 머물러 있게 하지 않았다. 사표를 낸 그는 『파주저널』을 창간하여 발행인이 되었고, 한국문인협회 파주지부 초대 부지부장, 한국문인협회 경기도지회 부지부장을 역임했다. 예총 파주지부를 창립해 초대 지부장에 취임한 데서 그의 외도가 끝났더라면 지역 문화운동의 기수 역할을 하는 한편 시를 열심히 써 이 시대의 중요한 시인으로 자리매김할 수 있었을 것이다. 그런데 정치판에 뛰어들기 위해 애를 쓰다 그만 목숨을 잃고 말았다. 파주를 지나치게 사랑하여 파주를 위해 더욱 큰 일을 해보겠다고 나선 그의 애향심의 발로를 지금에 와서 탓해본들 무슨 소용이 있으랴. 아무튼 그의 비명횡사를 비통해하며 동료시인들은 추모 문학의 밤 행사를 가졌고, 시고를 찾아내 유고시집 『오전 10시에 배달되는 햇살』을 냈다. 원희석의 3권 시집에 대한 평가가 그의 사후에 이뤄질 수도 있었지만 평단의 관심은 원희석 시인을 철저하게 빗겨갔다. 이번에 새미에서 시 전집이 나오는 것을 계기로 그의 시에 대한 재평가 작업이 이뤄질 수 있기를 기대하며, 첫 단추를 꿰는 심정으로 해설의 글을 써볼까 한다.

> 오늘 아침 나는 수염도 깎지 않고 이빨도 닦지 않고 머리도 빗지 않고 3백5십 원 좌석버스도 타지 않고 일반 버스를 타고 텅 빈 물통을 흔들며 물속을 어적어적 헤엄쳐 갔다 산들은 언제나 물속에 잠겨서도 푸르르고 있었다 한 편의 詩도 한줌의 사랑도 우리 집 딸아이에게 갖다줄 하얀 우유, 차디찬 우유 한 병 생각하지 않았다 한 번도 대변을 보지 않았으며 오줌만 쌌다 노란 오줌만 더러운 물속을 향하여 신나게 쌌다 들키지 않았다
>
> ─「송장헤엄」전반부

첫 시집의 제일 앞면에 실려 있는 이 시는 전형적인 산문시다. 시인이 남긴 200편에 달하는 시 가운데 운문의 모양새를 지니고 있는 시는 10편 정도밖에 되지 않는다. 시인은 줄기차게 산문시를 고집했는데, 그 이유는 시의 내용과 형식의 합일을 꾀하고자 했기 때문이다. 그의 산문시는 일기 같기도 하고 수필

같기도 하다. 구태여 운문의 형식을 지닐 필요가 없는 것이다. 원희석은 생애 내내 서정시가 갖고 있는 미덕을 철저히 배제한 시인이다. 율격이나 정조에도 별로 신경을 쓰지 않지만 여백의 미도 전혀 없고 압축이나 정제에서 오는 긴장감도 없어 매편의 시가 풀어져 있는 느낌을 준다. 형식적으로도 전혀 단정하지 않고 내용은 뚜껑을 딴 채 며칠 둔 맥주같이 밍밍하다. 원희석보다 한 해 앞서 나온 전동균이나 같은 해에 등단한 장석남, 조금 뒤에 등단한 이윤학·박형준 등이 '신서정 그룹'을 형성하던 시기에 왜 원희석은 서정성을 거부하고 산문시 쓰기에 몰입했던 것일까. 그것은 그가 일상성 추구에 전력을 다하려 했기 때문이다. 일기나 수필은 대개 일상에서 자신이 겪었던 소소한 이야기가 주된 내용을 이루고, 역사적 사건이나 사회적인 변동 사항은 오히려 부차적인 것이 된다. 평범하기 짝이 없는 나의 일상에서 가치 있는 그 무엇을 발견하고자 하는 한 방법론으로 산문시를 앞세운 것은 동시대의 다른 시인들과 다르게 하는 요소가 된다. 일찌감치 산문시의 세계에서 자신의 영토를 확보한 정진규 시인이 있기는 하다. 하지만 서정성을 결코 잃지 않았던 정진규와 서정성을 철저히 배제했던 원희석을 산문시를 썼다는 이유로 동궤에 놓을 수는 없다.

「송장헤엄」을 보면 시인의 평소 생활이 그대로 드러나 있다. 낭인 생활을 할 때의 그는 수염도 깎지 않고 이빨도 닦지 않고 머리도 빗지 않고 지냈을 것임에 틀림없다. "일반버스

를 타고 텅 빈 물통을 흔들며 물속을 어적어적 헤엄쳐" 가는
화자의 생활 태도는 유유자적이라기보다는 자유방임이다.
누구의 간섭도 받지 않고 위를 향해 번듯이 누워서 헤엄을
치는 시인의 꿈은 "정말 오늘은 한 그릇의 따뜻한 우리나라
숭늉, 그것밖엔 아무것도 사랑하지 않았다 능숙하게 누워서
「사랑과 야망」만 봤다 누워서 편안히 코딱지만 후볐다"라
는 구절에 잘 나타나 있다. 원희석은 내가 원하는 것을 하며
살아가고 싶다는 자유에 대한 강한 희구를 이 시에 담은 것
이다. 딸아이에게 갖다줄 하얀 우유는 생각하지 않고 한 그
릇의 따뜻한 숭늉만을 사랑한다는 발언은 술고래라야 할 수
있는 것인데, 시인이 두주불사형이긴 했지만 패륜아는 아니
었음에, 자유롭게 살아가고자 한 평소의 소망을 반영한 구절
이 아닌가 한다. 압축과 정제에서 오는 긴장감이나 잘 짜인
시의 구성법이 보여주는 단정한 외양은 애당초 시인의 관심
밖이었다.

　　진짜 사랑하는 것들은 언제나 혼자 간직하는 것이 아
　니었다 낡은 주민등록의 빈칸에 둥지의 홋수를 적어 넣
　고 먼지 나는 골목을 빠져나가는 만원버스의 노선을 새
　로 기억하면서 더 먼 곳으로의 떠남을 그려보면 그때에
　도 내겐 가지고 갈 것보다 두고 가야 할 것이 더 많다 사
　랑하는 사람도, 꼬깃꼬깃 감춰두었던 엉터리 원고 뭉치
　도 가끔씩 혼자 꺼내보던 색 바랜 비밀도 모두 남김없이

두고 갈 것이다

― 「이사」 부분

이런 대목을 읽고 있노라면 비틀비틀 걸어가는 술꾼의 뒷모습을 보는 것만 같다. 느슨한 만큼 지루함도 준다. 그런데 일상에서 일어나는 온갖 일들, 그야말로 일상사가 시의 소재가 될 때, 압축과 정제는 어울리지 않는 것이다. 일상사란 '敍情'이 아니라 '敍事'이기 때문이다. 이사하는 동안 내 마음을 움직인 것들을 적어나가다 보니 "하얀 뼈와 살 모두 지상의 한 귀퉁이에 보태주고 퇴거신고도 필요 없는 곳으로 뒤를 자꾸 돌아보며 혼자서 터벅터벅 걸어서" 가게 되는 것이다. 첫 시집에는 이 시처럼 시인의 생활이 투영되어 있는 시도 많지만 유년기나 성장기의 추억을 더듬어 쓴 시도 많다. 시인은 "고향을 떠난 뒤 한 번도 그를 만나지 못했다"(「물소리」 전문)고 했지만 고향에 대한 생각까지 떨쳐버릴 수는 없었던가 보다. 고향에 대한 기억은 어머니가 몇 푼 돈을 벌려고 붙인 봉투에 고착되어 있다.

한번 구겨지면 펴지지 않는 빈곤의 뜨락, 누런 시멘트 종이 접어 쌀을 만들고 뜻 모를 구호가 찍힌 신문질 잘라 가난을 터시며 뚝뚝 허기를 뜯어 넣고 끓인 멀건 수제비 한 그릇, 낮은 판자 지붕 밑으로 기어드는 빗물의 아우성, 철없는 우리들 때 절은 투정까지 모두 눈물을

발라 접고 계셨다 길고 긴 한숨 봉투를 접고 계셨다 까
만 세월의 봉투를 접고 계셨다

―「어머니의 봉투」 부분


납작하게 눌린 보리쌀 한 됫박, 비린 생선 한 토막, 쉽
게 변하거나 돌아서는 것 당장 꺼내갈 썩는 물건만 넣어
놓는다 결혼식 때 끼워준 노란 가락지 한 쌍 그것은 아
직 꺼내가지 않았다 밤새 끌어안고 자는 금간 꽃요강 그
것도 그대로 있다 아직 깨지지 않았다

―「다시 봉투」 부분


'나의 형제들에게'라는 부제가 붙어 있는 시 「먹감 여섯
개」를 보면 원희석은 6남매 중에 셋째임을 알 수 있다. 아버
지가 일찍 돌아가시어 큰형과 둘째형이 아버지 노릇을 했고,
어머니는 부업삼아 봉투 붙이는 일을 했었던 듯하다. 지붕
낮은 판잣집, 멀건 수제비 한 그릇이 상징하는 가난은 50~60
년대 우리나라 거의 모든 국민이 겪어야만 했던 가난이라고
할지라도 원희석 일가에게는 아버지의 부재로 인해 그 강도
가 무척 컸을 것이다. 허기 채우기에 급급한 나날을 보내면
서도 원희식이 가장 소중하게 생각하는 생의 가치는 "상처
입은 사람들의 웅어리진 『門 활짝 열어줄 물빛 사랑"이며,
"영원히 남는 것 썩지 않는 것 오래 남는 것을 담아두는 일"
(「다시 봉투」)이다. 이 시에서 직접적으로 말하지는 않았지
만 썩지 않고 영원히 남는 것은 시(詩)가 아니었을까. 원희석

원 의 석  307

은 나이 서른둘에 시인이 되는 꿈을 이룬다.

　　만나기가 어렵다 십여 년 만에 만난 초등학교 동창 하
나 너무 얼굴이 반지르르해서 뚜껑만 멋이 있고 (…) 제
법 실해 보이던 닥나무 봉투 하나 몇 번 소주에 젖더니
맥없이 풀어지고 명문대학 도장 찍힌 건방진 봉투 하나
몇 번 밤이슬같이 맞더니 양말에 난 구멍까지 다 보인다
―「이런 봉투」 부분

　　(…) 외상 술값 떼주고 월부 책값 제하고 얻어 쓴 돈 이
자 내고 탈탈 털다보면 겨우 코딱지만 하게 작아진 봉투
힘없는 봉투 슬픈 월급봉투
　　(…) 어젯밤엔 너무 열심히 접다보니 온 방안에 화사
한 나비가 쌍쌍이 날아들고 와르르 와르르 말씀의 요정
들이 무지갯빛 그네를 타고 신나게 별빛 속으로 꿈길 속
으로 춤추며 안기어 들었습니다
―「가장 큰 봉투」 부분

「이런 봉투」의 인용한 부분에서 시인은 은연중에 학력 콤
플렉스를 드러내고 있다. "명문대학 도장 찍힌 건방진 봉투"
운운하는 것으로 보아 학벌을 내세우는 초등학교 동창생 녀
석이 영 못마땅한 눈치다. '나 그래 파주공고 나왔다, 대학
문전에 못 가보고 방통대 나왔다, 어쩔래? 명문대학 나온 너
도 별수없네, 구멍 난 양말이나 신고 다니고.' 이런 말을 하
고 싶었던 것이 아닐까. 시인은 전에도 가난했지만 현재도

마찬가지다. "코딱지만 하게 작아진 봉투 힘없는 봉투 슬픈 월급봉투"는 현재의 곤궁한 처지를 말해주고 있다. 하지만 시인이 되었기에 "말씀의 요정들"과 더불어 있다. 시인이 되어 열심히 접는 봉투는 "깨어 있는 자가 만드는 창조의 봉투, 언어의 봉투, 너무 깊어 보이지 않는 영혼의 봉투"(「가장 큰 봉투」)여서 배가 고파도 하루하루가 즐겁기만 하다. 밤을 새워 접어도 힘들지 않다.

제목에 '봉투'가 들어가는 이상 4편의 시만 보아도 원희석 시인의 삶과 꿈, 과거와 현재를 어느 정도는 파악할 수 있다. 여타 시에서도 시인은 자신의 이력과 근황을 일기 같은, 혹은 수필 같은 시를 통해 들려준다. 하지만 시집의 제목으로 삼은 시는 일상성에 근거한 이력과 근황의 시가 아니다. 절대순수를 지향하고 싶은 시인의 의지가 투영되어 있는 시이기에 서정시 혹은 사물시에 가깝다.

　　벗어던지는 소리라 했다 먼지가 나고 목마른, 푸석푸석한 당신의 골짜기에서 누가 옷을 활활 벗어던지는 소리 안개가 밤새 꼬아 만든 젖은 물새알 하나 바위에 남기고 간 슬픈 빛깔의 소식 하나 갈비뼈 사이 숨어 두근대는 작고 연약한 허파꽈리의 신음소리까지도 모두 벗어던지는 것이라 했다 활활 다시 벗어던지고 미련 없이 혼자서 꼭 빈손으로 돌아서라고 했다 거기까지 가면 아무것도 필요 없다고 했다 물렁뼈까지 곰삭아져 물같이 날개도 없고 훈장도 없이 한 점 그대로 머무르는 생명,

한 줄기 싱싱한 여름 소나기에 잠시 머무르는 이슬방울,
물의 내장 물의 뼈 물의 말간 피까지 투명함으로 살아남
으라 했다 알몸으로 남아 올라 떨어져 부서져도 온전히
홀로 옷 벗는 물이, 발가벗겨져 부끄럽지 않은 하나의
흔적도 없는 물이 되어지라 했다 거기까지 맨발로 가서,
빈손으로 꼭 같이 돌아오자고 했다
　　　　　　　　　　　　　　　　　－「물이 옷 벗는 소리에」 전문

　도대체 어떤 소리인지, 그 소리를 추적하면서 시는 진행
이 된다. "푸석푸석한 당신의 골짜기에서 누가 옷을 활활 벗
어던지는 소리"는 '물이 옷 벗는 소리'이다. 그 소리는 쾌청
하고 물은 청정하다. "발가벗겨져 부끄럽지 않은 하나의 흔
적도 없는 물"은 시인이 추구하고자 하는 절대순수의 세계,
혹은 청정무애의 세계이다. 시인의 이런 탐미 취미는 "우리
들 영혼의 양식을 거둬들이는 샘물 속의 가랑잎 그런 상큼한
이웃들을 모셔다 들밥을 먹"(「영혼의 햇과일」)는 행위에서
도, 자신을 "어리석은 영혼, 한심한 쓰레기"(「정갈하기 위해」)
로 간주하는 부정의 정신에서도 확인된다. "큰 마음 깊은 소
리로 울고 울었다 진솔 청정淸淨 하나 울고 있었다 뜨거운
벌판 눈물 흘리며 가고 있었다"(「연밥의 눈물」) 같은 구절을
봐도 시인의 몸은 비록 속세에서 뒹굴고 있지만 마음은 늘
청정한 도량에서 노닐고 싶어 애면글면했음을 알 수 있다.
시인의 높은 이상과 굽은 생활을 함께 알 수 있는 시가 시집
의 마지막을 장식하고 있는 4편이다.

호롱불 밑에서 밤새도록 기우고 있는 걸 찔레꽃 같은
아내는 안쓰러워합니다 밤새 기워봐야 엽전 몇 푼 안 되
는 것을 어떨 때는 잘 기워지지 않는다고 술값을 배 이
상이나 허비하면서 끙끙거리는 걸 보고 괜한 투정을 부
리기도 합니다만 그게 또 그렇지 않습니다

―「시법 · 1 – 삯바느질」 부분

　　정말 이젠 끝장이다 기어코 집을 나간 모양이다 과민
성 대장중세인가 설사약을 아침 저녁 두 번씩 그것을 먹
어도 통과, 통과다 이마엔 붉은 부적을 붙여보기도 하고
참외도 개똥참외로만 골라서 먹고 햇볕도 가장 뜨거울
때 쫴보기도 하지만 돌아오지 않는다

―「시법 · 2 – 돌아와주오 마누라여」 부분

　　두 편 시의 내용이 시인의 상상력의 소산인지 실제 체험
의 영역인지는 알 수 없지만 일기 내지는 수필 쓰기식의 시
창작 방법론을 보여주고 있기에 어느 정도 사실에 근거한 것
이 아닐까 한다. 앞의 시에서 삯바느질은 시(혹은 글) 쓰기이
다. 따라서 삯바느질을 하는 사람은 아내가 아니라 시적 화
자이다. "밤새 기운 내 남루한 詩의 옷 한 벌 평생 기워도 힘
들지 않습니다 바느질삯 몇 푼이 문제가 아닙니다"란 시인
의 다짐과 소망이 눈물겹다. 연작시 두 번째 작품은 유머감
각이 충일하다. 이 시에서 마누라는 시심이거나 뮤즈이다.
마누라와 한 집에서 오순도순 잘살았으면 좋겠는데 집을 나

가버렸다. 뮤즈와 접신이 되어야 시가 나올 텐데 집에 없기 때문에 "밤마다 달라붙던 상상력의 끈끈이, 더듬더듬 벗기던 낱말의 껍질, 낄낄거리며 들여다보던 언어의 알몸"을 대할 수 없다. 시인은 오지 않는 마누라를 애타게 기다리다가 나중에는 "옷을 벗어라 주문을 외워도 억지로 눕히고 겁탈을 해도 가두어두면 한평생 안 올 겁니다 반찬이 좋아도 갑갑해서 안 올 겁니다 독수공방 싫어서도 안 올 겁니다"라고 한탄한다. 한 지붕 아래 살 때도 마누라는 독수공방이었다. 시인이 뮤즈를 독수공방에 두었으니, 나가버린들 다시 오게 할 수가 없고, 그래서 미련하게 서두르다 설사를 하고, 엉뚱한 곳에 멋쩍게 오줌만 싼다. 뮤즈가 나가버려 시인은 거의 제정신이 아니다.

> 야단났습니다 요새 날 새는 줄 모르고 만들고 있는 화
> 초장이 미닫이나 여닫이나 산문식이라고 고만고만한데
> 괜찮겠냐고 야단입니다 원래 제 화초장은 화려한 속치
> 마나 넣기 위해 유행에 턱턱 따르는 겉모양 좋은 고함소
> 리나 넣기 위해 짜맞추는 것이 아니라 깨끗한 양심의 거
> 적대기나 빛나는 말씀의 조각으로 덧댄 깊고 넓은 화초
> 장 한 벌, (…)
>
> —「시법·3—화초장 한 벌」 부분

이 작품은 자신의 시론이다. 산문시를 고집하여 쓰고 있는 자신에게 쏟아지는 비난에 대해 나름대로 해명을 해보고,

자신의 시를 이런저런 관점에서 보아주기를 요망하고 있다. 끝에 가서 시인은 눈물 없는 사람에게는 자신의 시는 맹탕이지만, 시를 쓸 때마다 영 자신이 없어 쩔쩔매고 있음을 고백하고 있다. "땀만 뻘뻘 흘렸지 제대로 되질 않습니다"는 결구는 솔직한 자기 고백일 것이다. 이 시가 시 쓰기의 어려움에 대한 토로인 반면 그 다음 시에서는 시 쓰기의 즐거움에 대해 이렇게 말하고 있다.

> 신바람 납니다 문지기도 없고 붕어 자물통도 채워놓지 않았습니다 그냥 훔쳐 내오기만 하면 됩니다 (…) 퍽 퍽한 우리들의 가슴앓이 언덕에 물기를 퍼붓는 작업, 그런 출렁이는 아름다움만 훔쳐 내오고 있습니다 죄가 되질 않습니다 오히려 잘한다 잘한다 칭찬하십니다 와르르 와르르 손뼉치며 칭찬하십니다
> —「시법・4－도둑질」부분

시인의 시법(시 창작법의 줄인 말로 이해하면 될 듯)은 도둑질이다. 도둑질하는 대상은 언어인 경우가 많지만 소재나 사물일 수도 있다. 즉, 도둑질이 표절이나 패러디를 의미하지 않는다. 원희석은 훔친 것들인 "작고 여릿여릿한 것, 등푸른 생선 한 마리, 초록빛 시금치 한 묶음"을 "밤새 구워먹기도 하고 데쳐 먹기도" 한다. 삼라만상이 다 도둑질할 수 있는 대상이다. 말씀의 보석을 훔쳐 쓰기만 하면 되니까 도

둑질은 얼마나 신바람 나는 일인가. 그래서 그는 빈 봉투를 들고 오더라도 마음만은 부자인 것이다. 도둑질할 대상이 천지에 깔려 있고, 도둑질 잘했다고 칭찬을 받기도 한다. 하지만 시인의 도둑질은 쉽지 않다. 예수님은 이렇게 말씀하지 않았던가. 부자가 천국에 들어가는 것은 낙타가 바늘구멍을 통과하는 것보다 어렵다고. 마태복음 19장 24절과 마가복음 10장 25절에 나오는 이 유명한 구절은 사실 잘못 번역된 것이다. 번역자가 아랍어의 원어 'gamta'(밧줄)를 'gamla'(낙타)와 혼동하였기 때문이다. 시인이 이런 것까지 생각했을 리는 없고, 지상에 자기와 가족을 위해 부를 쌓는 데 급급한 이기적인 사람은 천국에 들어가기가 어렵다는 뜻으로 이해하여 이 시를 썼을 것이다.

> 이곳과 저곳에 낙타가 지나간다 저곳과 이곳에 바늘
> 이 있고 이곳은 저곳보다 높다 모랫바람은 이곳과 저곳
> 에 같이 불고 이곳은 저곳보다 뜨겁다 이곳은 불안하고
> 저곳은 더욱 불안하다 불안한 높이의 불안한 저곳에 쌍
> 봉낙타가 불안하고 불안한 이곳에는 단봉낙타가 불안
> 하다 귀가 하나뿐인 바늘코 속으로 코가 하나뿐인 바늘
> 귀 속으로 낙타 두 마리가 지나간다
>
> —「낙타의 길」 부분

시는 이와 같이 말장난의 수준에 머물고 있다. 시인은 두

번째 시집에 이르러 자본주의 사회에서 먹고사는 일의 힘겨움에 대해 종종 토로하는데, 이 시의 제목도 그렇고 시집의 제목도 그렇고 많은 동시대인을 바늘구멍 앞의 낙타로 인식했던 듯하다. 많은 사람이 부자라는 뜻이 아니라, 먹고살려면 바늘구멍을 통과해야 하는데, 우리 모두 불안한 낙타 신세라는 것이다.

제2시집은 크게 두 가지 경향으로 나뉜다. 하나는 현실에 대한 비판과 풍자요 다른 하나는 몸으로 먹고사는 문제의 어려움에 대한 토로이다. 현실에 대한 비판과 풍자의 시는 대개 형식실험을 곁들인다. 80년대 해체시 유행의 영향 때문이 아닌가 하는데,「프리섹스가 리히터지진계에 미치는 영향」,「뿅」,「바다가재 요리 특선」,「지, 지, 지 字로 끝나는 平和」등을 꼽을 수 있다. 이외에도「조롱받는 20세기」,「태극기가 웃었다」,「천사들의 식량」,「마술사의 꿈」,「똘배나무」,「말총꼬리」,「댕강나무」등은 재담, 펀(pun), 음상(音相) 같은 말의 재미를 추구하면서 시대상황을 적절히 비판하고 풍자한다. 그런데 이런 유의 시는 이미 박남철과 황지우 외에도 이미 김영승 · 장정일 · 유하 · 함민복 등이 등장하여 온갖 '시 놀음'을 하고 있던 시대의 작품인지라 원희석의 작업이 특별히 두드러져 보이지 않는다.「낙타의 길」도 그러하지만 이런 유의 시들은 표현이 허술하고 주제가 어설프다. 풍자시라면 시대와의 대결의식이 보여야 하는데 원희석의 경우는 안타깝게도 말장난의 수준이다.


　　시어머니 앞에서—
　　베토벤 운명 교향곡처럼 이 소리가 터지면 며느리 얼굴이 홍당무가 됩니다
　　먹성 좋은 누에게—
　　들키기라도 하면 뼈도 못 추리고 죽어야 하고
　　노름판에서—
　　이놈과 상면하면 한쪽 손목이 기분 좋게 가벼워집니다만


　　——조심하십시오


　　'시바스 리갈' 주둥이에서—
　　이 소리가 터진 뒤
　　오던 봄이 엉거주춤 멈췄습니다
　　관악산 산지기도 바꿨습니다
　　　　　　　　　　　　　　　　　　　　　－「뿡」 전문


　　말총꼬리, 말총꼬리가 하늘로 가면 하늘 간 네 뼈까지 다 썩어 버릴걸? 멜론? 멜론? 무릎 밑에 멜론? 냉면, 냉면, 냉면이나 먹지, 꿀밤이나 먹지, 말뒷꼬리, 말뒷꼬리, 삼각산이 안 보이면 하늘모자나 보지, 쓰지? 보지? 쓰지 보지? 말총꼬리, 말총꼬리, 하늘로 가자 말총꼬리
　　　　　　　　　　　　　　　　　　　　　－「말총꼬리」 전문

말의 재미는 십분 느낄 수 있지만 이런 시에 나타난 시인의 말재주란 잔재주에 지나지 않는다. 「삼천리 연탄」 같은 시는 장정일의 「삼중당문고」와 구성이 흡사한데 두 작품 중 어느 것이 먼저 발표되었나를 따져볼 필요가 있겠다. 아무튼 가벼운 농담 수준의 시가 제2시집의 후반부를 점하고 있음을 무척 아쉽게 생각한다. 전반부의 시 가운데 '노동으로 먹고사는 문제의 어려움에 대한 토로' 계열의 시는 「대장장이의 노래」, 「소련의 노동자들도 기계를 돌린다」, 「우리가 지금은 반달일지라도」, 「겨울 공사판」, 「철공소 앞에서」, 「삼천리 연탄」, 「삽질을 하면서」 등인데 이 가운데 『길안에서의 택시 잡기』에 나오는 「삼중당문고」와 형식적으로 유사한 면이 있는 「삼천리 연탄」을 보자.

> 어머님 눈물 흘리시게 만드는 삼천리 연탄 까만 몸 설설 태워 아버지 그립게 만드는 삼천리연탄 타고 남은 재는 삼천리에 남아 삼천리 하늘 기름 되는 삼천리 연탄 아직은 삼천리가 아니지 암, 아니고 말고 하시며 새것으로 갈아야 한다던 삼천리 연탄 햄버거가 뜯어먹는 삼천리연탄 일장기가 펄럭이는 삼천리연탄 독립문이 휘청대는 삼천리 연탄 삼천리 금수강산 맞붙어 있어도 갈 수 없어 38구멍 뚫린 삼천리 연탄
>
> ─「삼천리 연탄」 제1연

총 3연으로 되어 있는 시의 첫 번째 연인데 끝까지 삼천리

연탄을 외치면서 진행된다. 서민들의 겨울나기에 없어서는 안 되는 삼천리 연탄에 얽힌 몇 가지의 기억이 버무려져 한 편의 시가 되었다. 게다가 이 시는 '삼천리 금수강산'의 '삼천리'와 연결이 됨으로써 우리 민족의 소망인 통일 문제를 다루기도 한다. 통일에 대한 염원은 「아버지를 찾습니다」나 「팬티스타킹」 같은 시에서 다뤄지기도 하는데 완성도 높은 시로 평가하기가 어렵다. 아무튼 제2시집은 일정한 한계를 지닌 시집으로 여겨진다. 이 시집의 한계를 극복하기 위한 노력을 시인은 하지만, 시집으로 묶는 작업은 자신이 하지 않고 시인의 사후에 친구들이 하게 된다.

시인의 사망 일자는 1998년 8월 19일이고, 유고시집 『오전 10시에 배달되는 햇살』이 간행된 날짜는 1999년 2월 20일이다. 정확히 사후 6개월 만에 간행된 것이다. 이 시집의 제일 앞머리에 있는 시를 보자.

하고 싶은 말들이 싹튼다 별이 꽃이 되거나 사랑이 네게 가서 나비가 되는 것은 너에게 그날 하지 못했던 말들이 아직 지상에 살아 있기 때문이다

흐린 얼굴로 우산 없이 정거장에 서서 너를 기다린다 창문이 작은 집으로 달려간 작은 편지들이 너의 서랍 안에서 따뜻한 말의 지문들을 기다리고 있다 그리움의 싹이 트고 있다

―「그리움의 싹」 전문

이전 시들과는 달리 산문시이긴 하지만 비교적 짧고, 서정성을 충분히 담보하고 있다. 일상성보다는 자연과 사물에 대한 관심이 이 시집에서는 집중되고 있음을 알 수 있다. 유고시집을 보면 행과 연을 나눠 운문 형으로 쓴 시가 5편 보인다. 운문시를 시도했다는 것은 시인의 시세계가 변모되고 있음을 보여주는 단서가 되는데, 그만 뜻하지 않은 일로 붓을 꺾게 되었으니 안타까운 일이다.

맑은 사람 옆에서
냄새 나는 신발장 안에서
누군가가 이름을 붙여주고 있다

낮은 산을 따라
좁은 길을 따라
들꽃들이 꽃을 피운다

이름 없이 살다 꺼져간 등불 하나
커다란 이름 위에 은빛으로 내리듯
　　　－「들꽃들은 즐겁게 꽃을 피운다」제1~3연

머리를 자르자 길이 보였다
갈치의 비늘과 박하사탕의 껍질로 만든
밤의 머리칼들
어디서 이런 골동품들이
건너가는 법을 알아냈을까

길을 건너는 다리들이 불안하다
—「다리」제1~2연

　줄기차게 산문시를 써온 원희석이 이런 시를 썼다는 것이 놀랍다. 서정시를 쓰는 시인은 사물에 대해 명명하기를 즐겨하는데 "누군가가 이름을 붙여주고 있다"고 함으로써 일상성에서 추상성으로 급진전을 보여주었다고 할까, 변모의 양상이 흥미롭다. 시적 화자가 자연 대상에 감정을 이입하여 화자(자아)와 세계의 일치를 모색하는 작업을 원희석이 전에는 하지 않았었기에 변모의 시발점이 된 작품들로 보이는데 달랑 5편밖에 없어 뭐라 평가하기가 어렵다. 「다리」라는 시의 시어를 보면 길·비늘·껍질·밤·머리칼·골동품·다리·이름·노(櫓)·어부 등이 보이는데, 이 모두 서정시를 쓰는 시인들이 즐겨 쓰는 낱말이다. 운문 형으로 쓴 「별」도 마찬가지이다. 밤하늘의 별들이 지닌 신비를 캐내려는 시인은 길·하늘·숨·나무·가지·상처·물·연어·아픔·오늘 밤·신발·이름·밤 같은 시어를 동원함으로써 일상성을 추구하던 시대와 많이 달라진 모습을 보여준다. 조금은 관념적이 되고 추상적이 된다고 할까, 서서히 일상의 차원에서 벗어나고자 하는 시도를 보이는 순간, 시인은 붓을 꺾게 된다.

　그렇다고 해서 시인 특유의 사변(혹은 달변)이 수그러드는 것은 아니다. 오히려 말은 더욱 많아진다. 유고시집의 또 하나의 특징은 시집의 페이지로 쳐 2페이지 이상 진행되는 제법 긴 시가 꽤 많이 보인다는 것이다. 57편의 시 가운데 2페이지 이상 인 시가 34편으로, 60%나 된다. 6페이지에 달하는 시가 2편, 4 페이지짜리 시가 4편, 3페이지짜리 시가 5편이나 된다. 말이 많 기는 하지만 자신의 일상사에서 시의 소재를 취해오는 일은 드 물고, 자연이 시의 소재와 대상이 된다. 일상성이 약화되는 대 신 서정성과 자연 친화가 강화되는 것이다. 시인은 전에는 기억 에 의존해서 시를 썼었는데 이제는 지금 바로 내 눈에 보이는 것들을 시의 질료로 삼는다.

낮게 나는 새는 골목에서 길목까지 버려진 늙은 고양 이의 눈물 볼 수 있다 말뚝과 말뚝 사이 녹아든 철망의 신음소리 들을 수 있다 광주에서 평양을 오가며 색칠하 는 잎새들의 장구 소리 들을 수 있다 높이 나는 새는 눈 이 크지만 낮게 나는 새는 귀까지 크다
— 「낮게 나는 새가 자세히 본다」 끝부분

네모난 태양이 둥근 굴뚝을 거쳐 다시 네모난 아궁이 로 내려온다 아, 하! 하! 하! 신의 엉덩이가 원숭이 볼기 짝처럼 빨갛다 나무의 뼛가루를 홀딱 뒤집어썼다 연탄 집게는 입을 너무 벌리고 웃다 입이 자루만큼 찢어졌다 주전자는 참다못해 하나밖에 없는 네모난 눈으로 네모 난 증기를 줄줄 흘린다 아, 하! 하! 하! 우습다 신도 세상 이 밝으면 실수를 한다 굴뚝새가 결코 굴뚝이 될 수 없

고 할미꽃은 언제나 자식이 없고 통조림 깡통은 언제나
배가 고프고 손톱이 머리칼이 될 수 없는, 아, 하! 하! 하!
신의 실수, 엉터리 같은 신의 장난, 겁을 먹은 네모난 태
양이 엉금엉금 다시 네모난 어둠 속으로 기어간다 시커
먼 윗옷을 벗고 양말도 벗고 저런! 저럴 수가! 신의 가슴
이 진흙처럼 메말라 있다
                    −「오전 10시에 배달되는 햇살」 끝부분


　유고시집에는 이와 같이 현재형으로 된 문장이 많다. 같
은 산문시일지라도 일상성에서 벗어나 관념화와 추상화를
통해 서정성으로 가려고 하는 강한 의지가 삼투되어 있는 시
인데, 특히 「오전 10시에 배달되는 햇살」 같은 시는 신에 대
한 희화가 재미있다. 이 세상의 온갖 사건과 사물에 대한 희
화를 해나가는 과정에서 신도 희화의 대상이 된 것인데, 신
성모독이라기보다는 신의 장난기를 말하고 있어 재미있게
느껴진다. 유고시집에는 제목부터 재미있는 「위험한 측근」,
「나무 전봇대야, 울지 마」, 「놀이터 그늘에서 그네를 타는
어른들」, 「늙은 자전거도 체인을 감고 산다」, 「수박씨와 파
리」, 「소방차가 없는 유리 도시」, 「구멍 속의 밥」, 「명사수
의 비껴 쏘기」 등이 있는데, 시들이 사실 대단히 재미있다.
서정성에 유머감각이 가미된 것은 시인의 개성으로 자리잡
을 수 있는 덕목인데 하필이면 이 시집이 유고시집인 바람에
주목을 받지 못한 채 묻혀버렸다. 이들 시 가운데 비교적 짧

은「수박씨와 파리」한 편만 보기로 하자.

> 수박씨 위에 파리가 앉았다 나는 누가 살아 있는 것인
> 지 잘 모른다 눈이 점점 멀어지고 있다
> 수박씨 겉면은 딱딱하고 파리의 날개는 부드럽다고
> 지나가는 햇빛들은 말하지만 누가 산 것이고 누가 죽은
> 것인가
> 파리가 수박씨를 깔고 앉아 있다 손바닥에 묻은 더러
> 움을 싹싹 털어내고 있는 저 죽음을 예찬하는 기도를 수
> 박씨는 가만히 듣고 있다
> 수박씨가 파리를 끌어안고 있다 내 몸의 달콤한 사랑
> 을 곧 죽을 너에게 주노니 난 그리하여 다시 파란 생명
> 을 이어가노니

-「수박씨와 파리」전문

　수박씨 위에 파리가 앉아 있는데 누가 살아 있는 것인가, 시인
은 의문을 가져본다. 가만히 생각해보니 수박씨가 파리를 끌어
안고 있다. 수박씨는 땅에 던져지면 뿌리를 내리고 싹을 틔울 것
이고, 파리는 곧 죽을 것이다. 제1행의 '나'는 시적 화자이지만
제4행의 '내'는 의인화된 수박씨이다. 별 대수로울 것 없는 이
이야기가 시인 특유의 입담으로 이와 같이 무척 재미있게 전개
된다. 이런 시는 시인의 일상적 체험이 과도한 산문정신으로 무
미건조하게 진행되는 다른 시와는 많이 다르다. 지나치게 긴 산
문시가 주는 지루함을 상쇄시켜 주는 이런 짧은 시와 5편의 운

문으로 된 시는 충분히 매력적이다. 유고시집의 유머감각은 좀 더 많은 논의를 필요로 하는데, 그 작업은 독자와 다른 연구자의 손에 맡기도록 하자. 원희석은 시인으로서는 충실한 삶을 살았으며, 그의 3권 시집은 재평가가 되어야 할 이유가 분명히 있다고 생각한다.

# 연 보

1956년  서울 출생.

　　　　연풍초등학교, 파주중, 파주공고 졸업.

　　　　방송통신대학 졸업.

　　　　중앙대학교 신문방송대학원 졸업.

1987년 『문학사상』 제1회 신춘문예로 등단.

　　　　제1시집 『물이 옷 벗는 소리』(문학사상사) 간행.

1989년  제2시집 『바늘 구멍 앞의 낙타』(고려원) 간행.

1990년  제2시집으로 대한민국문학상 시 부문 신인상 수상.

　　　　영역시집 『Water, Fire & Earth』 간행.

1991년 『파주저널』 창간, 발행인.

1992년  문인협회 파주지부 발기인, 부지부장.

1993년  문인협회 경기도지회 부지회장

1997년  예총 파주지부 창립, 초대 지부장 취임.

　　　　파주문화상 문화예술부문상 수상.

1998년 8월 19일 심근경색으로 타계.

1999년  친구들이 유고시집『오전 10시에 배달되는 햇살』
(민음사) 간행.

# 참고서지

김수복, 「그리운 한 채의 따뜻한 집」, 『물이 옷 벗는 소리』, 문학사상사, 1987.

김 훈, 「'이곳'에서 '그곳'으로」, 『바늘 구멍 앞의 낙타』, 고려원, 1989.

우대식, 「파주, 빠징코, 그리고 시와 정치」, 『죽은 시인들의 사회』, 새움, 2006.

요절시인 시전집 시리즈 제9권

# 첫사랑에 실패해본 사람은 더욱 잘 안다

– 원희석 시집

| | |
|---|---|
| 초판 1쇄 인쇄일 | 2010년 12월 1일 |
| 초판 1쇄 발행일 | 2010년 12월 8일 |
| | |
| 지은이 | 이승하 · 우대식 편 |
| 펴낸이 | 정진이 |
| 총괄 | 박지연 |
| 편집 · 디자인 | 이솔잎 · 채지영 |
| 마케팅 | 정찬용 |
| 관리 | 한미애 · 김민주 |
| 인쇄처 | 월드문화사 |
| 펴낸곳 | 새미 |

등록일 2005 13 14 제17-423호
서울시 강동구 성내동 447-11 현영빌딩 2층
Tel 442-4623 Fax 442-4625
www.kookhak.co.kr
kookhak2001@hanmail.net

| | |
|---|---|
| ISBN | 978-89-5628-549-8 *04080 |
| | 978-89-5628-281-7 *04080 (set) |
| 가격 | 21,000원 |

* 저자와의 협의하에 인지는 생략합니다.
새미는 국학자료원의 자회사입니다.
잘못된 책은 구입하신 곳에서 교환하여 드립니다.